일터에서
만나는
하나님 나라

일터에서 만나는 하나님 나라

저자 원용일

초판 1쇄 발행 2022. 7. 8.

발행처 도서출판 브니엘
발행인 권혁선

책임편집 김지연
책임교정 조은경

등록번호 서울 제2006-50호
등록일자 2006. 9. 11.

서울특별시 송파구 백제고분로28길 25 B101호 (05590)
마케팅부 02)421-3436
편집부 02)421-3487
팩시밀리 02)421-3438

ISBN 979-11-90308-77-9 03230

독자의견 02)421-3487
이메일 editorkhs@empal.com

북카페 주소 cafe.naver.com/penielpub.cafe
인스타그램 @peniel_books

도서출판 브니엘은 독자들의 원고를 설레는 마음으로 기다리고 있습니다.
위의 이메일로 간단한 기획 내용 및 원고, 연락처 등을 보내주십시오.

도서출판 브니엘은 갓구운 빵처럼 항상 신선한 책만을 고집합니다.

단순한 · 직업이 · 아니라 · 소명이 · 되는 · 일터

일터에서
만나는
하나님 나라

원용일 | 직장사역연구소 소장

브니엘

하나님 나라를 위해 오신 예수님

1980년대 중반 신학대학에 다닐 때 '하나님 나라'에 대해서 배웠다. 하나님이 창조하신 세상이 인간의 범죄로 인해 사탄의 지배하에 고통받게 되었지만 예수 그리스도의 오심으로 사탄이 치명타를 입었다. 예수님의 십자가 죽음과 부활로 하나님 나라가 구체적인 모습을 드러냈고, 사탄에게 속박되었던 사람들이 해방되고 구원받았다. 하지만 예수님의 재림 때까지 완전한 하나님 나라는 아직 임하지 않았고, 새 하늘과 새 땅이 임하여 하나님 나라가 완성될 때까지 하나님 나라는 계속 진행 중이라는 내용이었다.

이런 하나님 나라의 개념에 대해 배우면서 당시 독재정권 시절,

세상이 왜 그렇게 부조리하고 악한 세력이 정의를 짓밟는지 나름대로 해답을 얻었다. 이미 하나님 나라가 임했지만 아직 완전히 임하지 않은 과도기가 바로 오늘 우리 삶의 현장이라고 이해하니 하나님 나라에 대해 배우면서 가슴이 설렐 정도였다.

이후 아마도 2천 년대에 들어선 후에는 하나님 나라에 대한 관심이 적어진 것 같다. 1992년에 있었던 시한부 종말론 사태가 하나님 나라에 대한 관심을 크게 약화시킨 것으로 보인다. 많은 사람이 이미 이 땅에 임한 하나님 나라보다는 마지막 때를 예상하고 이른바 '내가 본 천국'에 대해서만 너무 많은 관심을 가지기 때문이 아닐까 추측해 본다.

'하나님 나라'라는 용어는 구약성경에는 등장하지 않지만 신약성경에, 특히 복음서에 빈번하게 등장한다. '하나님 나라'나 마태가 선호하는 '천국'이라는 표현이 110여 절 이상 나온다. 하나님 나라는 신약성경의 중요한 주제 중 하나이다. 신약을 연구하는 신학자들도 하나님 나라가 복음서의 중심 주제라는 점에는 이견이 없는 듯하다. 특히 예수 그리스도의 오심으로 인해 이루어진 구원 역사는 하나님 나라 개념을 통하지 않고는 설명하기 어렵다.

예수님이 공생애 사역을 시작하면서 가장 먼저 선포하신 메시지가 바로 하나님 나라였다. "회개하라. 천국이 가까이 왔느니라"(마 4:17). 마가는 주변 상황을 많이 생략하지만 예수님의 첫 메시지를 좀 더 자세히 알려준다. "때가 찼고 하나님 나라가 가까이 왔으니 회개하고 복음을 믿으라"(막 1:15). 하나님이 예수님을 세상으로 보내신 목적에 대해서도 예수님이 직접 밝혀주셨다. 예수님은 하나님 나라 복음을 전하는 일을 위해 세상에 오셨다(눅 4:42-44).

하나님 나라를 위해 오신 예수님은 쉽게 하나님 나라를 이루라는 사탄의 유혹을 이겨내고 하나님 나라를 보여주고 가르치셨다. 결국 십자가에서 죽임당하고 부활하심을 통해 하나님 나라가 결정적으로 임하게 하셨다(Part 1). 예수님은 손과 길, 돈과 제자라는 다양한 이미지를 통해 하나님 나라를 보여주셨다(Part 2). 요한복음에서는 하나님 나라라는 용어가 거의 나오지 않는 반면 특별한 주제로 구원과 연관된 하나님 나라를 설명하고 있다. 빛, 진리, 영생, 사랑이라는 단어들이다. 요한복음은 이 단어들을 특히 많이 사용하여서 하나님 나라를 표현해주고 있다(Part 3).

율법과 이스라엘 왕국을 통해 의도하셨던 하나님 나라의 실패를 꾸짖듯이 주변 강대국들에서 보여준 하나님 나라의 흔적을 발견할 수 있다. 애굽과 바벨론, 페르시아에서 유대인으로 총리를 지낸 요셉과 다니엘, 모르드개를 통해 하나님 나라의 모습을 엿볼 수 있다. 예수님이 말씀하시면서 떠올리셨을 듯한 하나님 나라 묘사를 특히 일터의 관점으로 살펴보았다(Part 4).

특히 일터에도 임한 하나님 나라를 어떻게 실천할 것인지 일터에서 만나는 하나님 나라에서 다루었다(Part 5). 예수님의 말씀 속에 장차 임할 하나님 나라 모습에서 일과 연관된 묘사가 있다. 오늘 주께 하듯이 일하면서 남기는 일터문화의 유산은 그저 소멸하지 않고 남아 새 하늘과 새 땅에도 반영될 것이라는 기대도 할 수 있다.

이렇게 하나님 나라는 오늘 우리시대를 살아가는 크리스천의 삶에 대해 정의를 내려준다. 하나님의 구원 계획이 우리 삶의 마당에서 성취되고 하나님 나라가 자리 잡아간다. 우리 삶의 영역 중 일터에도 임하는 하나님 나라를 바라보고 수긍하고 역동적으로 반응해야 할 책임이 일하는 크리스천의 귀중한 소명이다.

미국 노던신학교 신약학 교수 스캇 맥나이트는 우리의 직업이 하나님 나라의 사명에 의해 삼켜질 때 그것은 '단순한 직업'이 아니라 '소명'이 된다고 말하며 존 스택하우스의 '소명'의 정의를 인용한다. "소명은 모든 형태의 삶, 즉 사적인 삶은 물론 공적인 삶에서도, 종교적인 삶은 물론 세속적인 삶에서도, 개인적인 삶은 물론 공동의 삶에서도, 남성으로의 삶은 물론 여성으로서의 삶에서도 그리스도인이 되라는 하나님의 부르심이다"(스캇 맥나이트, 「하나님 나라의 비밀」, 새물결플러스 펴냄, 214쪽).

그래서 나는 일터 예배에서 꽤 자주 하나님 나라 주제를 다루었다. 2021년 직장사역연구소의 연구 주제가 바로 하나님 나라이기도 했지만 복음서의 중심 주제이고 성경의 핵심 주제가 바로 하나님 나라라는 생각으로 예전부터 설교를 종종 해왔다. 특히 코로나19 바이러스로 모이기도 쉽지 않은 상황이었지만 제이에스건설(주) 일터 예배에서 신우회원들과 함께 모여 예배드리며 나눈 말씀이 많다. 함께 말씀을 나눈 모든 신우회원에게 감사의 마음을 전한다. 〈일터소명〉 유튜브 채널에 올린 영상들을 함께 나눈 시청자들에게도 감사드린다.

글쓴이 원용일

인자가 온 것은 섬김을 받으려 함이 아니라 도리어 섬기려 하고
자기 목숨을 많은 사람의 대속물로 주려 함이니라. 막 10:45

PART 1

하나님
나라에서
만난
예수님

쉽게 이루라는
치명적 유혹을 거절하시다

요단강에서 요한에게 세례를 받으신 후 예수님은 광야에서 40일 동안 시험을 받으셨다. 성령이 주도하셨고 마귀에게 시험을 받으셨다. 40일 동안 금식하신 예수님은 배가 고프셨는데, 첫 번째로 돌을 떡이 되게 하라는 마귀의 시험을 받으셨다. "네가 만일 하나님의 아들이어든 이 돌들에게 명하여 떡이 되게 하라"(눅 4:3). 마귀의 말은 과거 에덴동산에서 하와를 유혹할 때처럼 교묘하다. 하나님의 말씀을 다 알고 응용하며 속이는 수법을 예수님에게도 적용해 시험했다.

예수님이 요단강에서 세례받을 때 하나님이 "너는 내 사랑하는 아들이라"(눅 3:22)고 하신 선언을 마귀가 이용하고 있다. "네가 만일 하나님의 아들이어든." 만약 예수님이 돌로 떡을 만들지 못한다면 하나님의 아들로 인정하지 않겠다는 일종의 협박이고 고단수의 회유였다. 그저 배고프니 음식을 만들어 먹으라는 시험보다 더 교활한 의도가 담겨 있다.

하나님 나라의 관점으로 볼 때 예수님이 마귀에게 받으신 시험 세 가지는 하나님 나라가 아닌 것들, 하나님 나라가 임한 것이라고 할 수 없는 것들을 보여준다. 마귀가 왜 세 가지 유혹 거리를 가져와 집요하게 예수님을 유혹했겠는가? 마귀의 의도가 틀림없이 있었고 예수님은 그 의도를 알아채고 유혹을 이겨내셨다. 마귀의 유혹을 자세히 살펴보면 예수님이 의도하신 하나님 나라를 이해할 수 있다. 어떤 유혹이었는지 살펴보자.

하나님 나라, 경제문제
해결로 세울 수 없다

마귀의 첫 번째 시험인 돌을 떡이 되게 하라는 것은 요즘 식으로 표현하면 복지와 자선을 통한 민생문제를 해결해 하나님 나라를 속히 구현하라는 유혹이었다. '빵' 문제를 해결하면 지도자가 될 수 있다. 오늘날에도 '경제'가 국가 리더십의 화두이고 사람들의 마음을 사로잡는 가장 빠른 지름길이다. 이렇게 마귀는 경제문제를 해결하여 가장 빠른 방법으로 하나님 나라를 이루라고 유혹했다.

현대사회의 선진국에는 중산층이 많지만 1세기 팔레스타인은 빈부의 격차가 그야말로 극심했다. 극단적인 부를 누리는 소수의 상류 지배계급이 있었고 극단적 가난과 소외를 겪는 하류층 사람들이 있었다. 그 외에 대다수의 중간계층은 대부분 농민이었다. 당시 농민들은 너무나 가난하게 살았다. 내야 할 막대한 세금은 물론이고 시민세와 종교세도 이중으로 내야 했다. 더구나 종교계의 지배계급이 소유한 땅이 워낙 많아서 땅을 소유하지 못한 소작농이 많았다. 농민들은 엄청난 세금과 종자 비용, 소작료까지 내고 나면 수확의 10분의 1도 안 되는 식량으로 생계를 꾸렸다고 한다(도널드 크레이빌, 「예수가 바라본 하나님 나라」, 복있는사람 펴냄, 111-112, 119쪽).

당시 사회의 이런 경제적 어려움과 고질적인 문제에 대해 누구보다 잘 알고 계신 분이 예수님이었다. 마귀의 시험이 돌을 떡으로 만들어 40일간 금식한 배고픔의 고통을 해소하라는 호의적 제안일 리가 없음도 예수님은 잘 알고 계셨다. 예수님의 마음속에서는 갈릴리로 돌아가서 정말 그 흔한 돌덩이를 떡으로 만들어 배고픈 무리를 먹이고 싶은 충동이 들었을지도 모른다. 하나님의 아들이기에 그렇게 하실 능력도 충분했다.

그러나 결국 예수님은 마귀의 시험에 어떻게 대응하시는가? "기록된 바 사람이 떡으로만 살 것이 아니라 하였느니라"(눅 4:4). 예수님은 신명기 8장 3절 말씀을 인용해 대응하며 경제문제로만 삶의 문제를 해결하려는 방식을 거절하셨다. 물론 예수님은 기적을 통해 사람들에게 먹을거리를 제공하실 수 있었다. 3년 공생애 동안 오병 이어와 칠병이어의 이적을 통해서 이런 능력을 보여주셨다. 사람들의 굶주림을 불쌍히 여기신 예수님이 마치 장차 임할 하나님 나라에서나 충분히 누리게 될 대규모의 잔치를 통해 하나님 나라의 속성 중 하나를 보여주신 셈이다.

그러면 이렇게 경제적인 문제를 통해 하나님 나라를 세울 수 없다고 하신 예수님의 해답은 무엇이었을까? 하나님 나라가 임하게 하는 예수님의 방법이 반복해 언급될 것인데, 바로 예수님의 십자가 죽음과 부활이었다. 예수님은 십자가를 앞두고 마지막 유월절 만찬을 하면서 떡을 떼어 이렇게 말씀하셨다. "이것은 너희를 위하여 주는 내 몸이라"(눅 22:19). 돌을 떡으로 바꾸는 경제 부흥을 통해서가 아니라 예수님이 자기 사람들을 위해 으깨지고 빻아지고 구워져서 소화되는 떡의 모습을 통해서 세상을 구원한다고 하셨다. 예수님 자신을 비유한 생명의 떡이 바로 하나님 나라를 세우는 예수님의 해답이었다.

굳이 경제가 하나님 나라를 보여준다면 분노한 약자들이 일으킨 혁명을 통해 하나님 나라를 실현하는 일은 불가능하다. 하늘에서 떡이 떨어지는 기적을 통해서도 불가능하다. 영원한 떡, 예수님을 만나서 그 영원한 생명의 양식을 먹은 부자들이, 자신이 가진 떡을 나누는 일을 통해 하나님 나라의 풍족하고 공평한 경제를 보여줄 수 있다. 천국의 경제는 바로 이런 모습으로 나타날 것이다(앞의 책, 125-126쪽).

하나님 나라, 정치문제 해결로 세울 수 없다

다음으로 마귀의 두 번째 시험이 나온다. 마귀가 예수님을 높은 산으로 이끌고 올라가 천하만국을 보이며 자신에게 절하면 그 모든 것을 다 주겠다고 했다. 이것은 정치적인 해결책을 통해 하나님 나라를 이루라는 유혹이었다. 이스라엘이 세계의 무대에서 권세와 영향력을 행사하면 로마의 가이사도 더는 유대인들을 착취하고 욕보이지 못할 것이다. 그 산꼭대기에서 예수님은 자신의 막강한 권력을 꿈꿀 수 있었다. 최고 권력의 자리에서 군중들이 환호하는 소리가 환청처럼 들려왔을 듯하다. 로마의 지배를 받는 당시의 암담한 현실 속에서 예수님에게도 마치 달콤한 유혹으로 다가오는 하나님 나라 건설의 방법이었을 듯하다.

예수님시대에 유대인들은 메시아가 나타나 그들의 정치적 소망을 이루어주기를 바랐다. 구약성경은 유다 민족이 페르시아의 지배를 받게 되면서 끝난다. 이후 알렉산더 대왕이 팔레스타인을 점령하고 이후에는 이집트의 지배를 받고 시리아의 지배를 받다가 마카비 전쟁을 통해 독립을 추구하던 유대인들은 기원전 63년에 로마 장군 폼페이우스에게 항복했다. 이후 로마 제국이 예수님 오실 무렵과 활동 시기, 그리고 이후에도 팔레스타인에 계속 영향을 미쳤다.

당시에 자유를 추구하는 봉기는 예수님이 태어나 장성한 시기에도 끊이지 않고 계속되었다. 예수님 탄생 전후 50년 사이에 서른 개가 넘는 농민 소요와 도적 집단의 출몰, 메시아 출몰 등의 저항운동이 발생했다. 한두 해 걸러 한 번씩 정치, 경제, 종교적 요인들이 복합적으로 얽혀서 폭동과 반란이 빈발했다. 이런 상황이었다. 격동의 정치 현실을 예수님이 모르시지 않았다. 직접 경험하고 가까이에서도 겪어보셨을 것이다. 그런데 마귀가 높은 산 위에서 정치적 권력을 잡아 메시아가 되라고 꼬드겼다. 저 아래 골짜기에는 혁명의 소란으로 가득했고 당시 예언자들이 열렬히 바라던 목표가 바로 정치적 메시아였다는 점을 예수님도 모르시지 않았다. 그런데 당시 정치적 왕이 된다는 것은 로마의 지배를 물리치는 것이었다. 그것은 폭력을 인정하라는 유혹이고 폭력을 승인된 통치의 방법으로 수용하라는 유혹이었다(앞의 책, 73, 80쪽).

그런데 예수님은 그런 정치적인 힘 즉 무력의 사용을 거절하셨다. 예수님의 제자들 가운데 열혈당으로 불리던 시몬이 있긴 했지만 열혈당원이 만나면 칼로 찔러서 응징하고 싶은 세리 출신의 마태도 예수님의 제자였다. 삭개오와 같은 악명 높은 세리장도 예수님은 용납하셨다. 예수님은 여러 차례의 메시지를 통해서도 폭력을 거부하셨고, 무력을 사용해 세상을 지배하라는 정치적 유혹을 물리치셨다.

그러면 예수님에게는 어떤 대안이 있었는가? 바로 원수를 사랑하고, 저주하는 자를 축복하고 일흔 번씩 일곱 번이라도 용서하라고 가르치셨다. 지배가 아니라 바로 섬김이었다. 예수님의 십자가사건이 바로 가장 탁월하게 예수님의 비정치적 특징을 보여준다. 두 번째 시험에 대한 대안도 바로 예수님의 십자가이다. 예수님은 고문과 폭행을 당하고 심지어 죽임당하셨지만 결코 보복하지 않으셨다. 할 수도 있고 그럴 능력도 있었던 하나님의 아들이 모든 보복을 포기하셨다는 점을 기억해야 한다. 저주하거나 저항하는 대신 예수님은 십자가 처형을 행하는 자들이 자신들의 하는 일을 알지 못하니 용서해 달라고 하나님께 기도하셨다.

예수님은 세상의 구조적 모순을 드러내는 악에 대항했다는 점에서는 틀림없이 혁명가였다. 그러나 예수님은 회개하라고 외치고 사랑하라고 부르짖으셨다. 당시 권력을 가지고 있던 빌라도 총독 앞에서 예수님은 보이는 나라가 아닌 '내 나라', 세상에 속하지 않은 나라가 있다고 하셨다. 그 나라의 왕이 바로 예수님인데 진리에 속한 자가 그 음성을 듣는다고 말씀하셨다(요 18:36-37).

이렇게 정치가 아니라, 무력이 아니라, 사랑과 긍휼과 진리가 진정한 혁명을 가능하게 했다. 예수님은 정치적 해결로 메시아가 되라는 유혹을 일축하며 이렇게 말씀하셨다. "기록된 바 주 너의 하나님께 경배하고 다만 그를 섬기라 하였느니라"(눅 4:8). 신명기 6장 13절에 나오는 말씀으로 마귀의 유혹은 이겨내셨다. 하나님 나라는 사탄에게 절하고 세상의 권력을 얻는 방법이 아니라 하나님께 경배하고 하나님만 제대로 섬기는 일을 통해 세워질 수 있다.

하나님 나라, 종교문제
해결로 세울 수 없다

두 번째 시험도 실패하자 마귀는 예수님을 이끌고 예루살렘 성전 꼭대기에 세우며 만약 하나님의 아들이라면 그곳에서 뛰어내리라고 했다. 이때 마귀는 시편 91편 11~12절 말씀을 인용하면서 하나님이 보호하실 것이라고 유혹했다. 하늘에서 떨어지는 번개처럼 그 높은 성전 위에서 사뿐히 뛰어내린다면 하나님의 아들로 세상에 온 사명을 단박에 이룰 것이라는 치명적 유혹이었다. 이 유혹은 종교적 유혹이었다. 유대교의 핵심장소인 성전, 하나님의 임재를 상징하는 그곳에서 뛰어내려도 아무런 이상이 없으면 종교 지도자들에게도 인정받을 수 있다고 마귀는 유혹했다. 또한 백성들도 눈앞에서 이적을 행하는 예수님을 메시아로 인정할 것이라고 유혹했다.

그러나 예수님은 거절하셨다. "주 너의 하나님을 시험하지 말라 하였느니라"(눅 4:12). 역시 신명기 6장 16절 말씀을 인용하며 예수님은 종교적 문제 해결방법을 통한 하나님 나라 세우기를 거절하셨다. 예수님은 제도화된 종교에 굴복하는 대신에 그 종교의 기초를 뽑아버리셨다. 물론 당시 유대교를 예수님이 아주 무시하시지는 않았다. 회당과 성전에서 가르치셨고 율법도 인정하셨다. 고침받은 한센병 환자에게 율법대로 제사장에서 가서 확인받으라고 하셨다. 부과된 성전세도 물고기를 잡아서 내라고 베드로에게 지시하셨다. 예수님은 타고난 유대인이었다. 그런데 유대교의 실천적인 면, 신앙적인 면이 병든 것은 용납하지 않으셨다. 본래의 목적을 회복하라고 요구하셨다. 사람들의 외식과 위선과 비신앙을 질타하셨다.

종교적 문제 해결방법이 아니라 예수님은 바로 십자가를 통해 회복하실 것이다. 예수님이 이렇게 말씀하셨다. "성전보다 더 큰 이가 여기에 있느니라"(마 12:6). 이 말을 듣고 유대인들은 격하게 분노했다. 그런데 이 말씀은 예수님 자신이 최종적이고 결정적인 희생제물이 되신다는 뜻이다. 세상 죄를 대신해 죽는 흠 없는 하나님의 어린양이 되셨다. 사랑이라는 새로운 율법으로 과거의 희생 제사와 정결 의식과 같은 율법을 끝장내셨다. 더 이상 성전을 찾아 희생 제사를 위해 동물들을 죽이지 않고도 하나님의 용서와 구원을 죄인들에게 허락해주셨다. 그래서 예수님은 성전에서 뛰어내리시지 않았다(앞의 책, 105-107쪽).

이렇게 예수님은 당시 사회의 중요한 제도인 경제와 정치와 종교의 도전을 유혹으로 받으셨다. 사탄은 치밀하고도 집요하게 가깝고 편하고 좋은 방법으로 하나님 나라를 세우라고 유혹했다. 빵과 산과 성전은 예수님이 광야에서 맞서 싸운 세 가지 사회제도이다. 이 세 가지는 하나님 나라가 정착하는 데 방해하는 세력으로 오늘날에도 여전히 영향을 미치고 있다. 이런 시대적 난제와 씨름한 예수님은 그 문제들의 해결로는 하나님 나라를 이룰 수 없다고 단호하게 유혹을 이기셨다.

이후 예수님이 갈릴리 여러 회당에서 가르치시는 장면을 누가는 기록하고 있다. 특히 예수님은 나사렛의 회당에서 이사야 61장 말씀을 읽으며 메시지를 선포하셨다. "주의 성령이 내게 임하셨으니 이는 가난한 자에게 복음을 전하게 하시려고 내게 기름을 부으시고 나를 보내사 포로 된 자에게 자유를, 눈먼 자에게 다시 보게 함을 전파하며 눌린 자를 자유롭게 하고 주의 은혜의 해를 전파하게 하려 하심이라"하였더라"(눅 4:18-19).

이것이 바로 누가복음 저자가 전하는 "회개하라. 천국이 가까이 왔다"는 메시지이다. 이사야 61장 1절은 예수님이 이 땅에 오심으로 이루신 구속 사역의 결과를 예언한다. 이 표현이 바로 마태와 마가가 전하는 예수님의 하나님 나라 선포에 해당하는 부분이다.

하나님의 방법으로만 하나님 나라가 제대로 임하게 할 수 있다. 당장 이루어지는 것이 아니라 복음 전파와 하나님 나라 보여주기의 공생애 과정을 거친 후 십자가에서 고난받고 죽임당하고 살아나는 구속의 사건을 통해서 하나님 나라가 임할 수 있다. 예수님은 공생애 사역 등장 무렵부터 하나님 나라의 바로 이 중요한 특징을 보여주셨다. 오늘 우리도 하나님 나라를 임하게 할 수 없는 것들을 잘 살펴야 한다. 경제적 문제 해결로 하나님 나라가 설 수 없다. 정치적 해법으로 세울 수 있는 하나님 나라는 없다. 본질을 잃어버린 제도권 종교로 하나님 나라를 세울 수 없다.

예수님의 죽음과 부활이라는 복음의 핵심사건을 통해 하나님 나라가 이 땅에 임함을 알고 우리는 예수님을 믿은 사람으로서 오늘 우리에게 주어진 하나님 나라를 세워가야 한다. 우리가 일하는 영역에 하나님의 통치가 임하는 하나님 나라가 실현될 수 있도록 노력해야 한다.

CHAPTER·02

하나님 나라,
보여주고 가르치시다

하나님 나라를 위해 오신 예수님은 하나님 나라를 임하게 하기 위해 길게 끌 것 없이 단번에 쉽게 해결하라는 마귀의 유혹을 물리치셨다. 십자가에 달려 죽임당하시기까지 하나님 나라를 보여주고 가르치셨다. 3년의 공생애기간에 하나님 나라를 가장 효과적으로 보여주셨다. 이는 누가복음 8장에서 잘 보여주고 있다. 열두 제자와 더불어 마리아와 요안나, 수산나 등 여자들이 예수님을 따르며 섬겼다는 기록에서 누가는 예수님의 행적을 이렇게 기록하고 있다. "그 후에 예수께서 각 성과 마을에 두루 다니시며 하나님의 나라를 선포하시며 그 복음을 전하실새"(눅 8:1). 하나님 나라를 선포하고 복음을 전하시는 과정에서 어떻게 하나님 나라를 보여주고 가르치시는지 확인해볼 수 있다.

영적인 구원을 보여주는
하나님 나라

예수님이 하나님 나라를 전하고 복음을 전파하기 위해 이 땅에 오셨다는 언급에도 반복해서 등장하고 복음서에 자주 나오는 묘사가 있다. 바로 예수님이 귀신을 쫓아내신 사건이다. 누가복음에 기록된 첫 번째 이적은 다름 아니라 예수님이 나사렛 회당에 있던 귀신 들린 사람에게서 귀신을 쫓아내신 이적이었다(눅 4:31-37).

누가복음 8장에도 예수님으로 인해 악귀가 쫓겨나 회복된 여인들에 대한 기록이 나온다. 마리아와 요안나, 수산나와 같은 예수님을 섬겼던 여인 중 귀신에 사로잡혔다가 해방된 여인들이 있었다. 이들이 남성 제자들의 상대역인 여성 제자로 묘사되고 있는데 숨기고 싶은 전력을 밝히는 것은 대단한 파격이다. 예수님의 제자공동체가 당시 유대인들이 보기에는 해괴한 집단이었을 가능성이 크다. 그런데 이런 묘사가 바로 예수님이 보여주시는 하나님 나라를 잘 설명하고 있다.

하나님 나라는 이렇게 악한 귀신의 능력으로부터 구원받는 것임을 보여준다. 하나님 나라는 악한 사탄의 지배를 받는 것이 아니라 하나님의 보호 아래 있다는 뜻이다. 하나님 나라는 이렇게 귀신에게 사로잡힘에서 벗어나 영적으로 구원받음을 보여준다.

또한 누가복음 8장 26절에 보면 거라사인의 땅에서 만난 한 귀신 들린 사람을 묘사하고 있다. 예수님이 그의 이름을 물으니 '군대'라고 했다. 예수님이 이 사람을 보자마자 귀신에게 "그 사람에게서 나오라"고 명하셨고, 결국 그 귀신들이 돼지 떼에 들어가서 호수에 빠져 죽는 일이 벌어졌다. 그 귀신 들렸던 사람은 완전히 나아서 예수님과 함께 있으며 제자가 되겠다고 요청했다. 그러나 예수님은 그를 집으로 돌려보내서 하나님이 어떤 큰일을 행하셨는지 알리라고 하셨다. 거라사인의 땅, 이방인들이 많이 사는 데가볼리, 즉 열 개의 도시가 있는 지역에 그 귀신 들렸던 사람을 선교사로 파송하신 셈이었다. 이 얼마나 놀라운 구원인가! 악한 권세를 가진 영적 존재인 마귀들을 제어하시는 하나님 나라의 영적인 구원을 보여주고 있다. 고대 사회의 퇴마(退魔)에 대한 세계적 전문가인 그래함 트웰프트리(Graham Twelftree)는 이렇게 평가한다.

"예수에게 퇴마 사역은 하나님 나라를 위한 예비적 단계의 일이나, 하나님 나라에 대한 징표나, 하나님 나라가 이르렀다는 표시나, 심지어 하나님 나라에 대한 예시가 아니었다. 오히려 그것은 실제로 가동 중에 있는 하나님 나라 그 자체였다"(스캇 맥나이트, 「하나님 나라의 비밀」, 새물결플러스 펴냄, 274쪽에서 재인용).

예수님이 오셔서 마귀에게 사로잡힌 사람들을 구원해주신 일은 세상이 이제 마귀가 다스리는 나라가 아니라 하나님이 다스리시는 나라임을 알려준다. 인간 세상에서도 한 나라를 세울 때 다른 나라들이 가만히 있는 경우는 드물 듯이 하나님 나라의 임함은 다른 나라의 멸망을 내포한다. "내가 만일 하나님의 손을 힘입어 귀신을 쫓아낸다면 하나님의 나라가 이미 너희에게 임하였느니라"(눅 11:20)고 선언한 후 예수님은 나라 간의 싸움에 대해 언급하신다. "강한 자가 무장을 하고 자기 집을 지킬 때에는 그 소유가 안전하되 더 강한 자가 와서 그를 굴복시킬 때에는 그가 믿던 무장을 빼앗고 그의 재물을 나누느니라"(눅 11:21-22).

사탄의 나라와 겨루어 이기고 하나님 나라의 승리를 위해 싸워야 할 책임과 의무에 대해 예수님은 이렇게 말씀하셨다. "율법과 선지자는 요한의 때까지요 그 후부터는 하나님 나라의 복음이 전파되어 사람마다 그리로 침입하느니라"(눅 16:16). 이 싸움은 물론 세상의 권세 잡은 자들과 사탄이 자신들의 승리를 주장한 십자가에서 절정을 이루었다. 예수님은 폭력을 당하고 죽음을 감수했지만 결국 승리하셨다. 죽음의 권세를 이기고 부활하심으로 사탄과의 싸움에서 최종적으로 승리하셨다.

우주적인 구원을 보여주는
하나님 나라

둘째로 누가는 하나님 나라가 온 세상의 창조주이신 하나님의 능력을 보여주는 구원이라고 입증한다. 우주적 구원이 가능하신 분, 하나님의 능력을 보여주는 일은 무엇일까? 자연을 다스릴 수 있는 일이 대표적이다. 인간은 자연의 힘 앞에서 무력하다. 또한 인간은 생명과 자신의 건강을 인위적으로 조절할 수 없다. 예수님이 창조세계의 주인으로서 우주적 구원을 보여주신다.

사도 누가는 거라사인의 땅, 예수님과 제자들이 갈릴리 호수 맞은편에 있는 지역으로 가려고 배를 타고 가던 때의 일을 기록한다(눅 8:22-25). 미친 듯이 사납게 몰아치는 바람이 호수로 내리쳤다. 배 안에서 잠들었던 예수님이 깨셔서 그 바람과 물결을 꾸짖으셨다. 그러자 광풍이 잠잠해졌다. "그가 누구이기에 바람과 물을 명하매 순종하는가?" 제자들이 두렵고 놀라 외쳤다. 그분이 누구이신가? 바로 하나님이신 분, 하나님의 아들 예수님이었다. 이렇게 자연을 주관하시는 예수님은 우주적 구원을 보여주셨다. 이것이 하나님 나라의 한 모습이다.

또한 누가는 거라사인의 땅에서 돌아오신 예수님을 사람들이 환영한 사건을 기록한다(눅 8:40-42,49-56). 회당장 야이로의 딸이 죽어갈 때 오시기를 부탁받고 예수님이 가셨다. 그런데 예수님이 가시는 중에 소녀는 죽고 말았다. 하지만 죽은 열두 살 소녀를 예수님이 살리셨다. 이렇게 예수님은 죽은 사람을 살릴 수 있는 분이시다. 세상의 창조주이시니 가능하다. 생명이 예수님의 손안에 있을 잘 보여준다. "예수께서 각 성과 마을에 두루 다니시며 하나님 나라를 선포하시며 그 복음을 전하"셨다(눅 8:1)고 하는데, 이보다 확실한 복음이 어디 있는가? 하나님 나라를 이보다 강력하게 선포하신 경우를 찾기는 어렵다. 죽음의 권세를 이긴 예수님의 구원은 이렇게 우주적이다.

또한 야이로의 딸을 살리신 이야기 사이에 '샌드위치 속'에 해당하는 한 사건이 나온다(눅 8:42-48). 열두 해를 혈루증으로 고생하던 한 여인이 고침받은 일이다. 백방으로 병을 고쳐보려고 애썼어도 고치지 못했지만 예수님의 능력을 믿고 예수님의 옷 가에 손을 대는 믿음으로 여인은 고침받았다. 하나님 나라는 이렇게 질병이 없는 곳이다. 더 이상의 아픔과 고통이 없다. 이렇게 예수님이 보여주신 하나님 나라는 우주적이다. 예수님이 창조주 하나님이시기에 자연도 지배하고 죽음도 지배하고 질병도 다 해결하신다. 인간의 죄로 인한 악한 상태를 다 복구하고 회복시키시는 분이 바로 예수님이시다. 이런 일들을 통해 예수님은 하나님 나라를 보여주셨다.

하나님 나라의 비밀을
알려주니 깨달으라

여러 동네에서 사람들이 모여 규모가 큰 일종의 연합집회에서 예수님이 비유를 사용해 말씀하셨다(눅 8:4-18). 씨 뿌리는 자의 비유였다. 예수님의 공생애 사역 중 언제나 비유를 말씀하신 것은 아니었는데 주로 하나님 나라에 관한 이야기를 비유의 형태로 자주 말씀하셨다. 이런 비유에 어떤 의미가 있는지 예수님이 직접 알려주신다. "이르시되 하나님 나라의 비밀을 아는 것이 너희에게는 허락되었으나 다른 사람에게는 비유로 하나니 이는 그들로 보아도 보지 못하고 들어도 깨닫지 못하게 하려 함이라"(눅 8:10).

따라서 제자들에게 하나님 나라의 비밀이 허락된 것은 그들이 똑똑해서가 아니었다. 예수님이 알려주시니 제자들은 깨달을 수 있다. 그러나 다른 사람들은 깨닫지 못하게 막는 것이 비유의 또 다른 목적이었다. 이런 비유의 특징을 염두에 두고 예수님이 직접 알려주신 씨 뿌리는 자의 비유에 대한 해설을 살펴보자.

길가에 뿌려진 씨는 말씀을 들어도 마귀가 그 마음에서 말씀이 자라지 못하게 빼앗는 것이라고 하셨다. 믿어서 구원 얻지 못하게 하려고 하니 무섭고 이런 사람은 불행하다(눅 8:12). 씨가 바위 위에 있다는 것은 처음엔 기쁘게 말씀을 받아도 시련 당하면 배반하는 사람으로 역시 불행하다. 가시떨기에 떨어진 씨는 어떤가? "이생의 염려와 재물과 향락에 기운이 막혀 온전히 결실하지 못하는 자"(눅 8:14)라고 한다. 우리가 좋은 땅에 떨어진 씨처럼 착하고 좋은 마음으로 말씀을 듣고 지켜서 인내로 결실하지 못하는 이유가 무엇인가? 바로 이 세 번째, 가시떨기에 떨어진 씨앗의 경우와 같지 않을까? '이생의 염려, 재물과 향락'은 바로 경제적인 문제로 인해 시험 드는 상황을 알려준다. 우리가 하나님 나라의 비밀을 제대로 깨닫지 못하는 이유를 예수님이 잘 지적해주셨다. 특히 직업을 가지고 일하는 사람이라면 더욱 공감하며 예수님의 말씀을 새겨들을 수 있어야 한다.

누가복음의 저자 누가는 이렇게 경제적인 문제를 하나님 나라와 연관시키고 있다. 예수님이 마귀에게 시험을 받으실 때도 중요한 문제 하나가 바로 빵에 관한 경제문제였다. 예수님은 경제문제 해결로 하나님 나라가 세워질 수 없다고 단호하게 거절하셨다. 누가복음이 이런 경제문제에서 제대로 회개해야 하나님 나라에 들어갈 수 있다고 강조한다. 씨 뿌리는 자의 비유에서 하나님 나라 백성에게 위협이 되는 것은 바로 근심과 재물, 인생의 향락이다. 직업인이라면 승진, 아파트, 명품, 고급 자동차 같은 필요와 욕망이 하나님 나라가 자라가는 것을 막을 수 있다는 뜻이다.

또 재물은 염려를 낳는다. 재산을 소유하고 집착하면 지키고 보호하는 일로 안달한다. 누가복음 12장에 나오는 부자 농부의 비유에서 알 수 있는 대로 곡식을 쌓아두는 일이 하나님 나라에서 멀어지게 한다. 쌓아두는 것이 아니라 베푸는 사랑으로 하나님 나라에 집중하면 하나님께 부요한 삶을 사는 것이고 하나님 나라에 들어갈 수 있다.

이걸 제대로 못한 사람을 지적하는 예수님의 또 다른 비유가 부자와 나사로 이야기이다(눅 16장). 부자는 자기 집 앞에서 죽어가는 거지 나사로를 좀 돌봐야 했는데 그렇게 하지 않았다. 욕심으로 인해 눈이 멀었기 때문이다. 우리는 우리 인생에서 제대로 볼 수 없게 만드는 것을 조심해야 한다. 바로 탐욕이다. 예수님은 부와 재산의 축적에 대해 부정하지 않으신다. 그러나 탐욕은 신랄하게 비난하신다.

이렇게 누가복음이 경제적인 부분에서 하나님의 뜻을 찾는 일을 매우 중요하게 보면서 강조한다. 하나님 나라는 특히 경제문제에서 바로 서야 하고 이 부분에서 실패하는 사람도 많다는 점을 기억해야 한다.

하나님 나라를 구성하는
가족에 대한 새로운 정의

예수님의 가족에 대한 새로운 정의가 하나님 나라에 대한 우리의 이해를 돕는다(눅 8:19-21). 찾아온 어머니와 동생들이 꽤 무안하도록 예수님은 '하나님의 말씀을 듣고 행하는 사람들'이 자신의 어머니와 동생들이라고 하셨다. 어떤 뜻인가? 예수님이 전하신 하나님 나라 선포의 복음을 듣고 행하는 사람이 하나님 나라의 가족이다. 하나님 나라는 바로 이렇게 예수님의 하나님 나라 선포로 새로 탄생한 공동체이다. 가족의 혈연관계를 넘어서는 새로운 가족으로 구성된다.

특히 유대인들은 제자들조차 하나님 나라를 이스라엘의 회복이라는 주제와 연관 지어 생각했다. 부활하셨고 곧 승천하실 예수님에게 제자들은 "주께서 이스라엘 나라를 회복하심이 이때니이까"(행 1:6)라고 질문했다. 예수님은 성령의 충만함을 받은 제자들이 유대인이라는 경계를 넘어 유대인이나 이방인이 하나이고, 종이나 주인이 하나이고, 남자와 여자가 하나인(갈 3:28) 확대된 하나님 나라의 공동체를 만들어가기를 바라셨다. 바울이 로마로 가는 길을 기록하는 사도행전 28장에서도 유대인들은 하나님 나라를 거부하고 결국 심판을 받았지만 하나님의 구원이 이방인에게로 보내졌음을 보여주고 있다(행 28:26-31). 이렇게 하나님 나라 가족 공동체는 혈육뿐만 아니라 유대인의 경계를 넘어 세상 모든 사람, 하나님의 구원을 받아들이는 사람들에게로 확대되었다.

예수님은 하나님 나라 국민에 해당하는 제자와 무리에게 여러 방법으로 하나님 나라에 대해 설득하셨다. 말씀을 통해 하나님 나라를 설명하셨고, 귀신에게 사로잡힌 사람들을 치유해 주시면서 하나님 나라는 귀신이 다스리는 나라가 아니라 하나님이 통치하시는 나라임을 보여주셨다. 하나님 나라는 질병으로부터 해방되고 죽음도 극복하는 나라임을 보여주셨다. 하나님 나라는 혈연을 넘어 하나님의 말씀을 듣고 행하는 사람들의 새로운 가족 공동체임도 알려주셨다.

예수님은 열두 제자를 불러 귀신을 제어하고 병을 고치는 능력과 권위를 주시고 하나님 나라를 전파하도록 보내셨다. 예수님이 하신 일을 제자들이 각 마을에 두루 다니며 행하여 하나님 나라를 전파했다(눅 9:1-6). 그리고 떡 다섯 개와 물고기 두 마리로 남자만 5천 명쯤 되는 사람들을 먹이셨다. 오병이어 이적을 통해 하나님 나라는 배고픔이 없고 풍족하게 먹을 수 있는 곳임을 보여주셨다(눅 9:10-17).

하나님 나라를 이렇게 다양하게 설명하고 보여주신 예수님은 베드로가 "하나님의 그리스도"시라고 고백하는 말을 들으신 후 죽음과 부활에 대해 말씀하셨다. 하나님 나라로 가는 어떤 다른 지름길이 아니라 바른길을 가는 예수님을 우리가 볼 수 있다.

십자가 : 하나님 나라에 들어가기 위하여

사람이 어떻게 하나님 나라에 들어가는가? '하나님 나라에 들어간다' 는 뜻은 무엇일까? 죽어서 천국으로 간다는 뜻을 포함해 보다 넓은 의미를 담고 있다. '구원받는다, 죄 사함 받고 의로워진다, 영원한 생명을 얻는다' 라는 기독교 구원 신앙의 핵심적 내용과 같은 표현이다. 특히 '하나님의 나라에 들어가기' 라는 명확한 표현이 복음서에 등장한다. 더구나 예수님이 직접 하신 말씀이니 더욱 의미 있고 중요하다. 예수님의 십자가 죽음을 앞둔 시점에 영생 얻기를 바라고 예수님을 찾아왔던 부자 관리가 있었다. 이 사람에 대해 기록한 마가복음 10장을 중심으로 예수님이 본래부터 의도하신 하나님 나라를 이루는 십자가 사역의 의미를 생각해보자.

누가 하나님 나라에
들어가는가?

        십자가 사역을 위해 예루살렘으로 올라가는 마지막 여행길에 예수님이 만난 몇 사람을 공관복음서가 기록하고 있다. 많은 재산을 가진 젊은 관리 한 사람이 있었다. 그가 가진 문제의식은 "내가 무엇을 하여야 영생을 얻으리이까"(막 10:17)였다. 십자가로 가시는 예수님이 그와 만나시고 교훈을 주셨다. 하나님이 보낸 하나님 나라가 임하게 하는 일을 하시는 예수님이 이 젊은이에게 "하나님의 나라에 들어가기"라고 명확하게 말씀하시며 하나님 나라에 대해 가르치셨다는 점이 인상적이다(막 10:23-24).

        그런데 그 논조는 부정적이다. 하나님 나라에 들어가지 못하는 예를 말씀하셨다. 재물이 있는 자는 하나님 나라에 들어가지 못한다고 하셨다. 그 부자 관리가 예수님이 말씀하신 계명들을 다 지켰다면서도 돈은 포기하지 못하는 모습을 보고 예수님이 제자들에게 교훈하셨다. "재물이 있는 자는 하나님의 나라에 들어가기가 심히 어렵도다." 부자가 하나님 나라에 들어가기는 낙타가 바늘귀로 나가는 것보다 어렵다고 예수님이 특유의 과장법을 사용하여 말씀하셨다.

        당시 사람들 생각대로 부유함을 하나님의 복과 비슷한 의미로 이해하고 있던 제자들은 의아했다. 부자가 들어가기 어렵다면 도대체 누가 하나님 나라에 들어갈 수 있는가? 부자는 들어가기 어렵다면 가난한 사람이 들어간다는 대답이 논리적으로 정답일 듯하다. 그 런데 예수님은 가난한 자가 아닌 '어린아이' 가 하나님 나라에 들어 간다고 말씀하셨다. "어린아이들이 내게 오는 것을 용납하고 금하지 말라. 하나님의 나라가 이런 자의 것이니라. 내가 진실로 너희에게 이르노니 누구든지 하나님의 나라를 어린아이와 같이 받들지 않는 자는 결단코 그곳에 들어가지 못하리라"(막 10:14-15).

예수님의 팔복 말씀 중 첫 번째 복이 기억난다. "심령이 가난한 자는 복이 있나니 천국이 그들의 것임이요"(마 5:3). 그렇다면 하나 님 나라에 들어간다고 한 어린아이는 그저 어리기 때문에 자연스럽 게 하나님 나라에 들어가는 것일까? 예수님은 하나님 나라를 어린 아이와 같이 받드는 자가 하나님 나라에 들어간다고 하셨다. "받들 다"라는 표현은 "받아들인다, 영접한다, 믿는다"라는 뜻이다. 어린 아이가 부모를 전적으로 의존하는 특징을 지적하신다. 예수님이 처 음으로 선포하신 메시지 내용대로 하나님 나라가 가까이 왔으니 회 개해야 함을 보여준다(마 4:17, 막 1:15). 회개하고 복음을 믿어야 하 나님 나라에 들어갈 수 있다.

그에 비하면 재물이 많았던 젊은 관리는 문제가 있었다. 이 사람 은 영생을 얻으려는 목적을 가지고 예수님을 찾아온 구도자였다. 문 제의식은 분명하게 가지고 있었다. 그런데 계명을 다 지켰다고 어떻 게 자신할 수 있는가? 오히려 이 모습이 유치한 아이와 비슷하다. 조금 자라서 자아가 깃들어 자기주장이 생긴 아이가 "내가 다 할 수 있다"고 자신감 넘치게 자랑하는 모습이 아닌가?

예수님은 부자가 잘 지켰다고 자부심을 느낄 만한 "도둑질하지 말라"는 계명도 포함하여 부자의 계명 준수 여부를 확인하셨다. 그런데 비단 십계명의 제8계명뿐만 아니라 어떤 계명이라도 다 지켰다고 떳떳하게 말할 수가 있겠는가? 도둑질에 대한 계명만 해도 물질과 소유물에 대한 바람직한 생활을 규정하는 이 계명을 과연 부자 관리가 적극적으로 실천했을지 의문이다.

예수님은 그가 가진 것을 다 팔아 가난한 자에게 주라고 하셨다. 그러면 하늘에서 보화가 있을 거라고 하셨는데, 하늘의 보화가 바로 부자가 추구하던 영생이다. 비워야 채울 수 있다. 영생을 얻기 위한 예수님의 제안을 따르지 못했던 부자 관리는 돈을 하나님처럼 섬겼던 셈이다. 그는 예수님의 말씀에 근심 많고 슬픈 표정으로 떠났다. 재산이 많았고 젊은 나이에 관리가 되었던 구도자는 어린아이의 마음과 같지 못하여 회개하지 못하고 하나님 나라에 들어가지 못했다.

그럼 무엇을 믿어야 하나님 나라에 들어갈 수 있는가? 부자 관리와 대화한 후 예루살렘으로 올라가는 길에 예수님은 자신의 죽음과 부활에 대해 알려주셨다(막 10:32-34). 그런데 예수님의 수난 예고는 이번이 세 번째였다(막 8:29-31, 9:30-32).

이렇게 세 번, 십자가 고난과 부활에 대해서 말씀하신 후에 예수님이 예루살렘으로 가셨고 십자가에 달려 돌아가셨다. 세 차례 수난 예고의 내용이 무엇인가? 예수님이 유대교 당국자들에게 잡혀서 고난받고 죽임당한다는 내용이다. 거기서 끝나지 않았다. 예수님은 부활하신다. 이것이 바로 복음의 핵심이다. 예수님이 고난당하고 죽임당하지만 결국 부활하신다.

그러면 왜, 누구를 위해서 그렇게 하시는가? 제자들이 누가 좋은 자리 차지하느냐고 싸울 때 예수님이 말씀해주셨다. "인자가 온 것은 섬김을 받으려 함이 아니라 도리어 섬기려 하고 자기 목숨을 많은 사람의 대속물로 주려 함이니라"(막 10:45).

예수님이 죽임당하시는 이유는 자신의 목숨을 많은 사람의 대속물로 주어 섬기기 위함이었다. 우리 주 예수님의 이 말씀은 이사야 53장 11~12절을 반영한다. "그가 자기 영혼의 수고한 것을 보고 만족하게 여길 것이라. 나의 의로운 종이 자기 지식으로 많은 사람을 의롭게 하며 또 그들의 죄악을 친히 담당하리로다. 그러므로 내가 그에게 존귀한 자와 함께 몫을 받게 하며 강한 자와 함께 탈취한 것을 나누게 하리니 이는 그가 자기 영혼을 버려 사망에 이르게 하며 범죄자 중 하나로 헤아림을 받았음이니라. 그러나 그가 많은 사람의 죄를 담당하며 범죄자를 위하여 기도하였느니라." 이사야 선지자는 고난받는 종이 "많은 사람을 의롭게 하고" "그들의 죄악을 친히 담당"한다고 예언했고, 예수님은 십자가에 달려 죽임당하시는 의미를 설명하실 때 '대속물'을 통해 설명하셨다.

한 사람의 죽음이 다른 사람을 위해 대신 죽는 죽음이라는 개념이 예수님 당시 사람들에게는 생소한 개념이 아니었다. 외경 마카비

서나 유대교 문서에도 종종 나온다. 이후에도 종이 주인 대신 형벌을 당하거나 노예의 몸값을 지불하면 해방된다는 의미로도 사용되었다. 이 사실을 믿어야 한다. 제자들이 예수님과 함께 있을 때 예수님은 주변 여러 정황을 통해서 고난과 죽음과 부활의 의미를 설명하셨다. 오늘 우리도 성경을 보면서도 수난 예고를 말씀하시는 사이에 이렇게 샌드위치로 말씀하시는 하나님 나라에 들어가는 방법을 통해 구원을 얻었다. 이렇게 예수님이 바로 나를 위해 십자가에서 죽임당하시고 부활하셨다는 사실을 믿는 믿음으로 우리도 하나님 나라에 들어간다.

이미 임했으나
아직 오지 않은 하나님 나라

그런데 하나님 나라에 들어가는 일, 믿음으로 구원받아 영생을 누리는 일은 이중성이 있다. 알쏭달쏭하다고 느낄 수도 있는데 시간과 관계되어 있다. 간단히 말하면 이미 하나님 나라에 들어왔고 구원받았지만 나중에 완전한 하나님 나라를 누리게 될 것이다. 예수님의 말씀으로도 확인할 수 있다. (부정을 긍정으로 바꾸어서) "하나님의 나라를 어린아이와 같이 받드는 자"는 이미 하나님 나라에 들어간 사람이다(막 10:15). 믿음을 가지면 이미 구원받은 사람이라는 뜻이다. 하나님 나라는 예수님의 선포에서 이미 시작되었다. "때가 찼고 하나님 나라가 가까이 왔으니 회개하고 복음을 믿으라"(막 1:15). 예수님의 선언으로 이미 하나님 나라는 세상에 임했다. 우리는 예수님을 믿어 이미 구원받은 사람이고 하나님 나라 시민이기도 하다.

그리고 예수님은 그곳에 들어가게 된다고 말씀하셨다. 하나님 나라에 들어간다는 것은 미래적인 표현이기도 하다. 구체적으로는 우리가 죽어서 가게 될 것이고 예수님이 재림하실 때 새 하늘과 새 땅이 임하여 완성되는 하나님 나라에 우리도 참여하게 될 것이다. 요한계시록 21장과 22장에서 묘사하는 바로 그 하나님 나라에 우리도 들어가 살게 된다.

따라서 우리 그리스도인들에게 주어진 구원은 현재의 소유이다. 동시에 미래의 소망이기도 하다. 소유이고 소망이다. 마가복음 4장 26~29절이 보여준다. "또 이르시되 하나님의 나라는 사람이 씨를 땅에 뿌림과 같으니 그가 밤낮 자고 깨고 하는 중에 씨가 나서 자라되 어떻게 그리 되는지를 알지 못하느니라. 땅이 스스로 열매를 맺되 처음에는 싹이요 다음에는 이삭이요 그 다음에는 이삭에 충실한 곡식이라. 열매가 익으면 곧 낫을 대나니 이는 추수 때가 이르렀음이라." 씨가 땅에 뿌려져 자라나는 과정이 바로 우리 구원의 현재성을 보여준다. 성장하는 과정이 있다. 그리고 나중에 추수하게 되는 미래의 과정이 있다.

예수님이 제자들에게 젊은 부자 관리에 대해 설명하면서도 현세와 내세에 대해 말씀하셨다. 현세에도 우리가 받는 것이 많이 있다. 복음을 위해 많이 희생한 사람은 그 희생을 보상받을 수 있다. 그런데 박해를 겸하여 받는다고 한다. 따라서 못 받을 수도 있고 받고 보니 차라리 못 받느니만 못한 경우여서 실망할 수도 있다는 뜻이다. 하나님 나라가 왜 이런가, 푸념이 나올 수도 있다. 그런데 중요한 사실은 내세에는 확실하게 받는다는 점이다. 부자 관리가 추구하던 바로 그 영생을 얻을 수 있다. 그래서 우리는 겸손해야 한다. 먼저 된 자가 나중 되고 나중 된 자가 먼저 될 수 있다고 예수님이 경고하셨다(막 10:31).

그래서 우리는 예수님이 십자가 고난과 죽음, 부활을 세 번째 예고하신(막 10:32-34) 다음에 있었던 두 가지 일을 살펴봐야 한다. 이렇게 중요한 구원과 하나님 나라에 대해 설명하셨는데 제자들은 예수님이 정권을 잡으면 자기가 더 높은 자리를 차지해야 한다고 다투었다. 야고보와 요한만 그런 것이 아니라 제자들이 모두 그랬다(막 10:41).

그런데 예수님이 예루살렘으로 죽음의 길을 가시는 마지막 여행 길에 여리고 성에서 한 사람을 만나셨다. 바디매오라는 시각장애인이고 거지였던 사람이다. 이 사람은 예수님을 전적으로 의지하면서 눈을 뜨기를 간절히 구했다. 사람들이 소리치지 말라고 꾸짖어도 더 크게 소리 질렀다. 전적으로 예수님만 의지하는 어린아이 같은 모습이었다. 그래서 결국 예수님이 가던 길을 돌이키고 이 사람을 고쳐 주셨다. "네 믿음이 너를 구원하였느니라." 이 사람이 곧 눈을 뜨고 는 예수님을 따랐다.

여기서 바디매오가 예수님을 '따랐다' 라는 표현은 제자도의 전문용어이다. 3년을 꽉 채운 '3호봉' 제자들은 정신 못 차리고 있는데, 이 '1일차' 제자인 바디매오는 눈을 뜨고 나서 바로 예수님을 따랐다. 예수님의 십자가 길, 죽음과 부활의 길을 바디매오는 예수님이 고쳐주신 눈으로 다 지켜볼 것이었다. 이 바디매오가 하나님 나라에 들어가는 전형적인 방법을 보여준다. 그는 예수님을 전적으로 의지하며 믿었다. 그분만이 자기 인생의 문제를 해결하실 것임을 소문을 듣고 알았지만 예수님을 만나 자신의 믿음을 표현했다. 그래서 그는 곧 보게 되었고 예수님을 길에서 따르며 하나님 나라에 들어갔다.

하나님 나라는
너희 안에 있느니라

복음서에서는 바리새인들이 기특하게도 중요한 질문을 하는 경우가 몇 곳 기록되어 있다. 그중 하나는 "하나님의 나라가 어느 때에 임하나이까?"(눅 17:20)라고 예수님께 했던 질문이다. 이 질문에 대해 예수님이 대답하신 내용은 하나님 나라가 오늘 우리 가운데 있다는 천국의 '현재성'에 대한 중요한 구절이다. "하나님의 나라는 볼 수 있게 임하는 것이 아니요. 또 여기 있다 저기 있다고도 못하리니 하나님의 나라는 너희 안에 있느니라"(눅 17:20-21).

예수님이 말씀하신 "하나님 나라는 너희 안에 있느니라"의 뜻은 무엇인가? "먼저 너희 안에(in) 있다"고 보는 해석은 '너희 영혼 안에 있다.' 즉 영적이고 개인적인 구원에 관한 묘사로 이해할 수 있다.

"너희 가운데(among) 있다"고 보는 해석은 하나님 나라가 현존하지만 신비롭게 숨겨져서 사람들에게 발견되기를 기다리고 있다는 해석이다. 예수님의 입장으로 보면 "지금 하나님 나라가 너희 가운데 있는데, 내가 바로 그 하나님 나라다!"라고 말씀하신 것이다.

어떤 해석으로 이해하든 하나님의 이런 통치와 다스림의 영역이 구체적으로 나타났다는 점이 중요하다. 사람들이 하나님 나라가 임했고 예수님이 하나님의 아들로 능력을 행하시는 것을 보고 믿음을 가져야 하나님 나라에 들어간다는 사실만은 분명하다.

바리새인들은 "하나님 나라를 당장 눈앞에 보여 보시오. 그럼 믿겠소!"라는 태도로 질문했다. 그들에게는 믿음이 없었기 때문이다. 그런데 구원받은 사람들은 그렇지 않다. 예수님에 대한 믿음을 가지고 있다. 그 믿음을 가진 사람들이 바로 하나님 나라 안에 있는 사람들이다. 하나님 나라가 너희 안에 있다는 구절의 해석이 분분하더라도 이 사실만은 분명하다.

이미 임한 하나님 나라는 누구나 깨달을 수 있게, 여기 있다 저기 있다 호들갑을 떨면서 임하지는 않았다. 그런데 예수님이 세상에 오셨고 하나님 나라 복음을 전하고 능력으로 보여주면서 하나님 나라가 임한 것을 입증하셨다. 이것을 믿어야 하는데 바리새인들은 믿지 않았다. 이들은 돈에 관심 많은 사람들이어서 하나님과 재물을 겸하여 섬길 수 없다는 예수님 말씀에도 콧방귀를 끼고 비웃었다. 예수님 당시 유대교의 한쪽 진영을 형성하는 사람들이었지만 예수님이 설명하시는 구원과 거리가 멀었다. "하나님 나라는 너희 안에 있느니라" 말씀하며 보여주신 예수님의 인격, 그리고 그분의 사역으로 이미 임한 하나님 나라에 대해 받아들일 믿음이 없었다.

그러나 제자들은 하나님 나라를 믿어야 했다. "내가 너희에게 이르노니 너희 의가 서기관과 바리새인보다 더 낫지 못하면 결단코 천국에 들어가지 못하리라"(마 5:20). 제자들은 바리새인보다 나아야 했다. 예수님이 말씀하신 '의'는 바로 믿음이다. 이 믿음을 가져야 하나님 나라에 들어갈 수 있다.

예수님의 십자가 죽음과 부활을 믿고 자신의 죄를 회개하는 사람은 구원받아 하나님 나라에 들어간다. 예수님이 이미 세상을 다스리고 통치하고 계심을 믿는 믿음이 하나님 나라의 핵심적인 개념이다. 오순절에 성령 세례를 받고 사람들에게 복음을 전하던 사도 베드로가 설교의 마지막 부분에서 이렇게 마무리한다. "그런즉 이스라엘 온 집은 확실히 알지니 너희가 십자가에 못 박은 이 예수를 하나님이 주와 그리스도가 되게 하셨느니라"(행 2:36). 하나님이 예수님을 '주와 그리스도'가 되게 하셨다. 구원주이시며 또한 세상을 통치하시는 주님이시다. 예수님의 이 두 칭호가 바로 하나님 나라를 잘 보여준다.

예수님의 죽음과 부활이라는 복음의 핵심사건을
통해 하나님 나라가 이 땅에 임함을 알고
우리는 예수님을 믿은 사람으로서 오늘 우리에게
주어진 하나님 나라를 세워가야 한다. 우리가
일하는 영역에 하나님의 통치가 임하는
하나님 나라가 실현될 수 있도록 노력해야 한다.

때가 찼고 하나님의 나라가 가까이 왔으니
회개하고 복음을 믿으라. 막 1:15

PART · 2

이미지로 보여주신
하나님 나라
: 손, 길, 돈, 제자

하나님 나라를 위해
당신의 '손'을 쓰라

　　군인인 한 아빠가 자녀들과 교감하고 소통하기를 잘 못했다고 자책하는 이야기를 들었다. 유치원에 다니는 딸이 아빠가 하지 말라는 행동을 계속하고 있었다. 아빠가 아홉 살 된 아들에게 이렇게 말했다.

　　"아무개야, 가서 동생 손 좀 봐줘라."

　　그러자 오빠가 여동생에게 걸어갔다. 그러고는 동생의 손을 잡고는 들여다보았다. 그리고 아빠에게 와서 보고했다.

　　"아빠, 아무개 손 좀 봐줬어요."

　　세상을 악하게 만드는 무력과 폭력이 이렇게 말귀를 못 알아들어 손을 잡아주는 따뜻한 사랑으로 바뀐다면 그야말로 사랑이 넘치는 하나님 나라가 임할 것이다.

사람인 우리는 '손'으로 많은 것을 하면서 살아간다. '손'이라는 이미지에 많은 함축된 의미가 담겨 있기도 하다. 손에 들어오는 '소유'의 의미, 손을 뻗치는 '관계와 간섭', 손을 더는 '수고'의 뜻이 있다. 돌보아주는 '양육'의 의미, 손을 벌린다고 할 때의 '요구', 손이 크다는 '관대함'의 뜻도 있다. 성경에서는 '손'을 어떻게 표현할까? 인간의 타락과 구원이 손으로 표현된다.

복음서 중에서도 특히 마가복음은 예수님의 손과 관련해 하나님 나라를 표현해주고 있다. 예수님이 고향 나사렛의 회당에서 가르치실 때 사람들이 이렇게 반응했다. "이 사람이 받은 지혜와 그 손으로 이루어지는 이런 권능이 어찌 됨이냐"(막 6:2). 사람들은 예수님의 손을 통해 하나님 나라를 눈으로 확인했다. '손'으로 표현되는 하나님 나라를 생각해보자.

죄지은 인간의 손

첫 사람이었던 아담과 하와의 타락은 눈에서 시작되었다. 그들은 선악과를 봤다. 물론 보기 전에 생각으로부터 시작되었긴 하지만 선악과를 바라보니 먹음직도 하고 보암직도 하고 지혜롭게 할 만큼 탐스럽기도 했다(창 3:6). 뱀으로 나타난 사탄의 유혹을 받은 하와는 그 열매를 따서 먹고 함께 있는 남편에게도 주었다. 눈에서 손으로 죄가 전이되었다. 눈은 범죄의 의지를 보였다면 인간의 손은 범죄를 결행했다. 담대하게 용기를 내서 손으로 선악과를 비틀어 땄다. 하나님과 같아지고 싶었다. 한갓 피조물로 살아가는 궁색한 삶이 싫었던 인간이 역사상 가장 위험한 쿠데타를 감행했다. 하나님을 대적하는 손을 높이 들었다.

이 범죄로 인해 인간의 손은 저주받은 땅을 개간하는 도구가 되었다. 그래야 겨우 열매를 먹을 수 있는 고생길이 열렸다. "네 평생에 수고하여야 그 소산을 먹으리라"(창 3:17). 죄지은 인간은 지루하고도 치열한 노동을 감당하며 평생 수고해야만 했다.

이 인간의 손이 살인을 저질렀다. 아담과 하와의 아들 가인이 동생 아벨을 쳐 죽였다. 하나님이 가인에게 말씀하신다. "땅이 그 입을 벌려 네 손에서부터 네 아우의 피를 받았은즉 네가 땅에서 저주를 받으리니 네가 밭을 갈아도 땅이 다시는 그 효력을 네게 주지 아니할 것이요 너는 땅에서 피하며 유리하는 자가 되리라"(창 4:11-12).

아담에게 주신 땅을 경작하는 수고로 먹을 것을 얻는 일마저 할 수 없게 된 가인은 에덴의 동쪽 놋 땅에 성을 쌓는다. 그리고 그의 후손 중에는 각종 기구와 악기를 만드는 자, 목축을 대규모로 하는 자들이 나온다. 그들은 손을 활용해 산업을 발전시켰다. 한편 하나님의 뜻을 어기고 두 아내를 맞이하고 살인을 저지르기도 한다. 문명의 발전과 함께 죄악의 검은 손이 악명을 떨쳤다(창 4:16-24).

러시아에서 민담으로 전해지는 이야기가 있다. 톨스토이가 "어

떻게 작은 악마는 빵조각을 보상하였는가?"라는 제목의 단편소설로
썼다. 한 가난한 농부가 살았다. 이른 새벽부터 밭에 나가 열심히 일
했다. 쟁기질이 끝나고 허기지면 나무 밑에 놓아둔 빵 한 조각을 먹
었다. 그런데 어느 날, 빵이 감쪽같이 사라졌다. 농부는 맹물로 허기
를 달래며 말했다. "오늘 하루 굶는다고 죽지는 않겠지. 누구든 그
빵이 필요했으니 가져갔겠지. 그 사람이라도 잘 먹으면 좋겠군." 농
부가 참 성인군자 같다. 그런데 사실은 그 빵을 훔친 녀석은 바로 악
마였다. 농부가 화를 내고 죄를 짓게 하려고 빵을 훔쳤다. 하지만 농
부는 빵 도둑에게 악담을 퍼붓기는커녕 오히려 축복했다. 그 일로
인해서 그 악마는 대장 마귀에게 야단을 크게 맞았다. 악마다운 지
혜가 부족하다는 이유였다.

그래서 악마는 다른 술책을 꾸몄다. 농부의 빵을 훔치는 대신 농
부의 빵을 늘려주기로 했다. 머슴으로 변장한 악마가 농부 집에 가서
일하게 되었다. 그런데 그 마귀 머슴의 도움으로 농부는 가뭄이 들거
나 홍수가 들어도 많은 수확을 하게 되었다. 머슴이 습한 땅에 씨를
뿌리라고 하면 가뭄이 들었다. 언덕 쪽에 씨를 많이 뿌리라고 하면
홍수가 났다. 그래서 흉년이 들었는데도 농부의 집에는 곡식이 남아
돌았다. 그러자 악마는 그것으로 술을 만들라고 부추겼다. 결국 허기
를 달래주던 일용할 양식이 잉여농산물이 되자 쾌락을 위한 도구로
변했다. 술이 생기자 농부는 친구들을 불러 먹고 마시며 놀았다. 술
자리를 마칠 무렵이면 너 나 할 것 없이 인간의 모습은 간데없고 짐

승으로 변했다. 그들은 서로 욕하고 싸우며 난장판을 만들었다.

그 모습을 지켜본 대장 마귀가 악마에게 비책을 물었다. 악마는 자기가 한 일이라곤 농부에게 필요한 양보다 더 많은 식량을 얻을 수 있도록 해준 것밖에 없다고 말했다. 남아도는 곡식이 생기니 하나님이 주신 선물을 자신의 쾌락을 위해 쓰기 시작하더라고 악마는 인간의 탐욕으로 인한 타락을 설명했다(김기석, 「가치 있는 것들에 대한 태도」, 비아토르 펴냄, 139-140쪽).

손으로 죄지은 인간은 그 손으로 더욱 악을 행했다. 하나님이 창조하신 인간의 '존재'에 기쁨과 즐거움이 있는데, 인간은 '소유'에 더욱 집착하게 되었다. 더욱 많이 가지려고 여기저기 손을 뻗치는 탐욕적인 인간이 많아졌다. 그래서 지금도 여전히 사람들은 세상에서 죄악 가운데 허우적댄다.

하나님의 구원의 손

죄지은 인간을 하나님이 그저 방치해 두시지는 않았다. 살인한 가인에게도 피할 길을 주신 하나님의 손길을 통해 알 수 있듯이 하나님은 인간에게 구원의 손길을 내미셨다. 창조 때부터 보여주신 언약, 하나님과 인간 사이의 약속을 지키셨다. 인간은 그 언약을 파기했지만 하나님은 그 언약에 신실하셨다. 구약의 율법과 제사제도를 통해서 죄지은 인간이 구원받을 길을 제시하신 하나님은 그 율법을 통해서는 구원받을 수 있는 사람이 하나도 없다는 점을 이미 아셨다. 제사를 지내느라 숱한 짐승을 죽여도 그것으로 인간의 죄문제가 해결되지 못한다. 그래서 제시하신 마지막이고 결정적인 히든카드가 바로 예수님이었다. 하나님의 아들, 하나님 자신이 사람의 몸을 입고 오시는 방법을 택하셨다.

이 땅에 사람의 몸을 입고 오신 예수님에 대해 사람들은 이렇게 말했다. "이 사람이 마리아의 아들 목수가 아니냐?"(막 6:3). 손으로 일하지 않는 직업인은 별로 없지만 목수라는 직업이야말로 손으로 많은 일을 한다. 예수님의 손은 일하느라 굳은살이 생긴 거칠어진 손, 노동하는 손이었다. 가업을 이었고 가족의 생계를 위해 일하셨다. 인류의 구원을 위해 사람의 몸을 입고 오신 예수님의 '노동하는 손'은 의미 있다. 죄로 인해 수고해야만 겨우 먹을 수 있었던 아담의 손의 회복을 기대할 수 있다.

본격적으로 하나님의 구원의 손을 보여주는 장면이 있다. 예수님이 목수 일을 그만두고 전도자가 되어 전국을 순회하면서 어릴 때부터 살던 고향 나사렛에 들렀다. 안식일이 되어 회당에서 가르치셨다. 그때 사람들이 놀라면서 이렇게 반응했다. "이 사람이 어디서 이런 것을 얻었느냐? 이 사람이 받은 지혜와 '그 손으로' 이루어지는 이런 권능이 어찌 됨이냐?"(막 6:2).

고향 사람들은 어린 시절부터 예수님이 손으로 목수 일을 하는 것은 봤는데, 지금 그 손으로 능력을 행하고 지혜로운 말씀을 전하니 어찌 된 것인지 놀랐다. 고향 사람들은 예수님이 나사렛으로 오기 직전에 혈루증으로 고생하던 여인을 고쳐주시고 회당장 야이로의 죽은 딸을 살리신 이야기를 분명히 전해 들었다(막 5:21-43).

예수님은 "때가 찼고 하나님의 나라가 가까이 왔으니 회개하고 복음을 믿으라"(막 1:15)는 하나님 나라 선포를 시작으로 여러 마을을 다니며 전도하셨다. 바로 그 일을 위해 세상에 왔다고 하나님 나라 전파의 중요성을 강조하셨다(막 1:38). 이렇게 말씀을 통해 하나님 나라를 전파하시면서 또한 하나님 나라를 보여주기 위해 예수님은 그의 손으로 이적을 베푸셨다. 하나님 나라가 어떤 곳인지 구체적인 그림으로 보여주신 셈이다. 한센병 환자와 중풍 병자를 고쳐주시고 손 마른 장애인을 고쳐주시고 혈루증으로 고생하는 여인을 고쳐주셨다. 하나님 나라에는 더 이상 질병이 없음을 보여주셨다. 하나님 나라에는 슬픔도 고통도 없다.

또한 예수님은 귀신 들린 사람들이 수시로 찾아와도 그들을 고치셨다(막 1:39, 3:10-12). 열두 제자를 세워 전도하며 귀신을 내쫓는 권능을 그들에게 주셨다(막 3:13-15). 하나님 나라는 귀신이 다스리는 나라가 아니라 바로 하나님이 다스린다는 사실을 이렇게 보여주셨다. 예수님이 손으로 베푸신 이적은 바로 이렇게 하나님 나라의 모습을 시각적으로 보여주신 셈이다.

예수님을 통한 이런 구원의 손길은 어떻게 클라이맥스에 이르는가? 결국 예수님의 손은 십자가에서 못 박히셨다. 로마 군인이 커다란 망치로 내리치는 녹슨 대못에 예수님의 손은 십자가 나무에 박혔다. 주르르 흘러내렸을 예수님의 그 피를 생각해보라. 터져 나오는 비명을 참으실 수 없었을 것이다. 몸을 뒤틀며 소리 질렀을 예수님의 그 고통을 느껴 보라. 십자가에 못 박힌 예수님의 손은 하나님의 구원을 결정적으로 보여주는 손이었다. 바로 우리를 구원하기 위해 수치와 고통과 죽음까지도 감수한 희생의 손이었다.

예수님의 이 구원의 손을 믿어야 우리는 하나님 나라에 들어갈 수 있다. 바로 나를 위한 예수님의 손을 믿어야 한다. 제자 도마가 부활하신 예수님을 의심할 때도 예수님은 도마에게 못 박혔던 손을 만져보고 확인해보라고 하셨다. 그리고 믿음 없는 자가 아니라 믿는 자가 되라고 하셨다. 오늘 우리도 도마의 고백을 해야 한다. "나의 주님이시요 나의 하나님이시니이다"(요 20:28).

하나님 나라를 위해
당신의 손을 사용하라

죄지어 하나님이 본래 의도하신 하나님 나라를 스스로 이루지 못할 인간을 구원하기 위해 예수님이 세상에 오셨다. 하나님 나라가 임하게 하기 위한 예수님의 구원의 손길로 구원받고 하나님 나라 시민이 된 우리가 반응을 보여야 할 손이 이제 남았다. 당신은 하나님 나라를 위해 당신의 손을 어떻게 사용하는가? 주님을 붙들고 있는가? 주님의 손에 붙들렸는가? 주님과의 관계에서 우리의 손은 어떤 방향, 어떤 모양새를 하고 있는가?

한밤중에 갈릴리 호수에서 풍랑을 만났을 때 새벽 무렵 다가오신 예수님을 향해 걸어갔던 베드로는 몇 걸음 바다 위를 걷다가 무서워서 물에 빠져갔다. 이때 베드로가 소리를 질렀다. "주여 나를 구원하소서." 이때 베드로의 손은 어떤 모양새였을까? 위를 향해 간절하게 뻗친 손이었다. 주님이 즉시 손을 내밀어 베드로의 손을 붙잡아주셨다. 우리가 주님께 우리의 마음을 열고 손을 향하기만 하면 주님이 우리 손을 붙잡아주신다. "믿음이 작은 자여 왜 의심하였느냐?" 이런 꾸중을 들어도 괜찮다. 예수님이 손 내밀어 잡아주신 사실이 중요하다. 손을 뻗어 주님을 향했고 주님이 손잡아주셨으면 뭘 더 바랄 것이 있는가? 구원받은 우리는 이렇게 우리 손을 주님께로 향해야 한다. 늘 좌절하고 넘어지는 우리 손을 주님이 잡아주신다.

또 한 가지 우리 손의 쓰임새가 있다. 전도서 기자가 손을 비유한다. "두 손에 가득하고 수고하며 바람을 잡는 것보다 한 손에만 가득하고 평온함이 더 나으니라"(전 4:6). 두 손에 가득 채우려는 욕심을 가지면 평생 채우지 못할 창고 걱정만 하며 허공에 헛손질하다가 인생을 마치고 말 것이다. 인간의 욕심은 멈추지 않아 죽는 순간까지 계속된다. 우리는 두 손에 가득 채우려고 욕심부리면 안 된다.

신명기 15장 7~11절에서는 가난한 형제가 있으면 마음을 모질게 먹지 말고 손을 움켜쥐지 말라고 한다. 손을 펴서 필요한 대로 넉넉히 꾸어주라고 하신다. 줄 때는 아끼는 마음을 품지 말라고 하신다. 곤란하고 힘든 사람에게 손을 펴라고 강조한다. 우리는 이렇게 우리 손을 펴서 나누어야 한다.

아프리카의 한 종족은 밀림에서 원숭이를 사냥할 때 이렇게 한다. 주둥이가 좁고 안은 넓은 호리병 모양의 그릇 안에 원숭이가 좋아하는 먹이를 넣어둔다. 원숭이들이 다니는 길목에 그 미끼 병을 고정시켜 놓아두면 원숭이가 먹이를 꺼내려고 병에 손을 넣는다. 그때를 놓치지 않고 사람들이 다가가서 원숭이를 사로잡는다. 원숭이가 도망가려면 먹이를 잡은 손을 펴고 손을 빼면 된다. 그런데 원숭이는 그 먹이를 놓지 않는다. 주먹 쥔 손으로는 좁은 호리병 입구를 절대 통과할 수 없는데도 말이다. 그렇게 낑낑대는 원숭이를 사람들은 손쉽게 잡는다. 손을 움켜쥐면 죽을 수밖에 없다. 손을 펴면 살 수 있다.

신명기 24장 10~22절에 보면 가난한 자에게 전당 잡은 물건을 돌려주는 아름다운 손을 말한다. 또한 품꾼의 품삯을 미루지 않고 당일에 주는 주인의, 당연하면서도 선한 손을 언급한다. 추수할 때 곡식을 일부 남기고 이삭은 줍지 않는 밭주인의 너그러운 손을 권하고 칭찬한다. "네 하나님 여호와께서 네 손으로 하는 모든 일에 복을 내리시리라." 감람나무 열매를 떨 때, 포도나무 열매를 수확할 때,

가지에 남은 것을 다시 가서 따지 않는다. 그래서 고아와 과부와 나그네들이 먹게 한다.

이렇게 욕심부리지 않고 두 손에 가득 채우지 않아야 하는 이유를 하나님은 두 번이나 강조하신다(신 24:18, 22). "너는 애굽에서 종 되었던 것을 기억하라." 종이었던 시절에 너그럽지 못한 주인으로부터 어려움을 겪어 보았으니 욕심부리지 말라는 뜻이다. 이렇게 움켜쥐지 않고 손을 펴는 것은 구원과 관계되어 있다. 애굽에서 나그네였던 이스라엘의 처지를 생각하고 고아와 과부와 나그네들을 위해 손을 펴라고 하신다. 우리가 하나님의 은혜로 구원받은 것에 대한 반응과 감사가 바로 이렇게 손을 펴는 것으로 나타나야 한다. 두 손에 가득 채우려고 욕심부리지 말고 한 손에만 채우려고 애써야 한다.

그런데 이렇게 한 손에 채우는 것에도 관심 없는 사람은 어떻게 할까? 위에서 말한 전도서의 두 손 교훈의 앞에 어리석은 사람의 모습이 나온다. "우매자는 팔짱을 끼고 있으면서 자기의 몸만 축내는 도다"(전 4:5). 한 손에라도 뭘 채우려고 하지 않고 그저 방관하고 있다. 왜 몸이 축나는가? 걱정만 많이 하고 손으로 생산적인 일을 하나도 않으니 굶어 죽을 수밖에 없다. 자기 살을 먹어야 할 정도로 빈곤해진다는 뜻이다. 우리도 팔짱만 끼고 방관하면 안 된다.

예수님이 이 땅에 오심은 구원의 손길을 베푸신 놀라운 사건이다. 죄로 더러워진 인간의 검은 손, 무능한 손, 악을 행하는 데만 빠른 손을 잡아주시는 구원의 손길이었다. 예수님이 그분의 손으로 일의 모범을 보여주며 참된 노동의 의미를 알려주셨다. 하나님 나라를 미리 맛보게 하시려고, 병들어 고통받지만 치료받지도 못하는 사람들을 그 손으로 고치는 이적을 베푸셨다. 그 손에 못이 박혀 십자가에 달려 돌아가심으로 나쁜 손을 가진 우리 인간을 구원하셨다. "주는 것이 받는 것보다 복이 있다"(행 20:35)고 하신 예수님이 이제 우리의 손을 어떻게 써야 할지 알려주신다. 부족하고 연약한 사람들을 향해 손을 움켜쥐지 말고 펴라고 하신다.

땅에는 언제든지 가난한 자가 있다고 3,500년 전에 하신 말씀이 아직 유효하다. 안타깝지만 현실이다. 앞으로도 주님이 다시 오실 때까지 그럴 것이다. 그 약하고 어렵고 가난한 사람들을 향해 손을 펴라고 하신다. 그러면 어떻게 될 것인지 약속해주신다. "이로 말미암아 네 하나님 여호와께서 네가 하는 모든 일과 네 손이 닿는 모든 일에 네게 복을 주시리라"(신 15:10). 하나님이 주시는 복을 받은 손으로 우리의 일을 하면서 우리는 오늘도 일터에서 하나님 나라가 임하도록 노력할 수 있다.

C·H·A·P·T·E·R·05

당신의 인생 '길'에서
예수님을 붙잡으라

예전에 고속도로에서 커다란 광고판에 적힌 인상적인 카피를 보았다. "길이 열리는 OO시"라는 한 도시의 슬로건이었다. 새로이 열리는 길을 따라 발전하고 구도로 주변은 쇠퇴하는 희비의 쌍곡선이 분명하니 길에 따라 세상이 달라진다. 우리 눈에 잘 보이는 길, 한길, 대로만이 아니라 길에는 우리 인생의 정체를 보여주는 '인생길'이 있다.

길은 비유로 사용해야 제멋이다. 망명을 떠났던 다윗을 뒤쫓던 사울 왕은 자기의 거처가 있는 궁궐로 돌아갔다. 그러나 다윗은 '자기 길'로 갔다(삼상 26:25). 다윗은 유랑자였다. 나그네 세월을 뼈아프게 겪었던 길 위의 인생 경험이 있었다. 다윗이 갔던 '길'은 오늘 우리의 정체를 잘 보여준다. 우리는 이미 하나님 나라에 사는 하나님 나라 시민들이다. 그런데 새 하늘과 새 땅이 임할 때까지 여전히 길을 가고 있다. 이 '길'은 하나님 나라와 어떤 관계가 있을까? 길에 담겨 있는 하나님 나라를 살펴보자.

인생 길, 두 갈래 길

2천 년 전에 한 남자가 살았다. 그는 살아가면서 자신이 직접 글을 써서 역사 속에 작품을 남긴 것도 없다. 그 남자가 세상에 살았던 기간은 33년 남짓, 그것도 마지막 3년 정도만 대중에게 공개적으로 모습을 드러내었다. 그러다 결국에는 비참한 죽임을 당했다. 사람들이 그를 반역자로 몰아서 고문하고 십자가에 못 박아 죽였다. 그런데도 이 남자의 이야기는 오늘까지 이어진다. 아무것도 아닌 것 같은 삶을 살았던 한 사람이 세계 수십억 사람들의 신앙과 경배의 대상이 되었다.

이 남자는 바로 예수 그리스도다. 하나님의 아들로 세상에 와서 죄인들을 위해 희생하셨다. 예수님이 선포하신 메시지를 가리켜 사람들이 처음에는 '복음'이나 '성경 이야기'와 같이 표현하지 않았다. 사람들은 그것을 '새로운 길'이라고 불렀다(페터 제발트, 「사랑하라 하고 싶은 일을 하라」, 문학의숲 펴냄, 203쪽). 지금까지 보아왔고 살아왔고 앞으로도 이어질 길이 아니라 뭔가 다른 새로운 길이 예수님의 메시지라고 보았다.

이 길에 대한 질문은 일찍부터 있었다. 우주의 근원이 무엇인가? 물로 되어 있나, 흙으로 되어 있나? 철학자들의 논의가 결국 '길'에 대한 질문이었다. 성경도 일찌감치 질문한다. 시편의 문을 여는 첫 번째 시가 바로 길에 대한 이야기이다(시편 1:1-6). 시인은 복 있는 사람과 악인을 비교하며 의인은 악인의 길에 서지 않고 여호와의 율법을 주야로 묵상한다고 노래한다. 의인의 길은 여호와께서 인정하시지만 악인의 길은 망한다고 결론짓는다. 의인과 악인의 길은 확연하게 갈린다. 복 있는 사람, 행복한 사람, 의로운 사람은 악인들의 길을 따르지 않고 하나님의 율법의 길, 말씀의 길을 따른다.

길을 찾고 찾고 또 찾다가
찾은 한 사람

북아프리카의 타가스테에서 태어난 한 남자가 있었다. 4세기에 살았던 이 사람은 아우렐리우스 아우구스티누스였다. 그의 아버지는 로마 참사회의 회원이었고 어머니는 그리스도교인이었다. 아우구스티누스의 어머니 모니카는 절망에 빠져있었다. 아우구스티누스가 젊음의 격정에 빠져있었기 때문이다. 돈도 있었다. 총명하기도 해서 젊은 시절 로마에서 교수가 되어 뭇사람의 존경을 받았다.

흠모하는 여인들이 있었고 아우구스티누스는 그 상황을 마음껏 즐겼다.

이 종교, 저 철학을 섭렵하며 진리를 구했지만 찾지 못했다. 이후에는 인간의 행복이란 다름 아니라 쾌락이라고 생각했고 점성술에 빠지기도 했다. 아우구스티누스는 이탈리아 밀라노 대학의 초빙을 받았다. 당시 밀라노는 이탈리아의 중심지였다. 암브로시우스 주교가 밀라노 교회를 섬기고 있었다. 아우구스티누스는 암브로시우스 주교의 힘 있는 설교를 들었는데 설교가 인상적이었지만 그 이상의 감화는 없었다.

어느 날, 한 아프리카인 농부가 찾아왔다. 신실한 크리스천이었던 농부는 바울이 쓴 로마서가 포함된 책이 아무렇게나 놓여 있는 것을 봤다. 농부는 천연덕스럽게 이집트의 한 마을에서 있었던 이야기를 했다. 최근에 안토니오라는 사람이 이 책과 비슷한 어느 책을 펼쳤다가 거기서 그리스도의 말씀을 들었다고 말했다. 바로 이 구절이다. "네게 있는 것을 다 팔아 가난한 자들에게 나눠주라. 그리하면 하늘에서 네게 보화가 있으리라. 그리고 와서 나를 따르라"(눅 18:22).

예수님이 부자인 관리에게 하신 그 말씀을 듣고 그 안토니오는 자기 재산을 다 팔아 가난한 자들에게 주고 사막으로 들어갔다고 말했다. 부자 관리는 하지 못했지만 안토니오는 재물을 포기하고 하나님 나라에 들어가는 길을 택했다는 이야기를 그 농부는 대수롭지 않다는 듯이 말했다. 또한 농부는 한마디를 덧붙였다. 못 배운 이들은 떨치고 일어나 하늘을 활짝 열어젖히는데 똑똑한 교수 나리들은 학식이 있어도 결단하지 못하고 인생에서 아무 열매를 맺지 못한다고 말했다.

아우구스티누스는 이 이야기를 듣다가 손을 휘저으며 정원으로 뛰쳐나갔다. 그동안 영혼 깊은 곳에서 들리는 질문의 답을 피하곤 했다. "인생에서 어떤 길을 갈 것인가?" 이 오래된 질문에 대답해야 했다. 무화과나무 아래로 달려간 젊은 교수의 눈에서 눈물이 왈칵 쏟아졌다. 깊은 충격에 빠져 부끄러웠다.

그때 이웃집에서 어린아이들이 노래하는 소리가 들려왔다. "집어라, 읽어라. 집어라, 읽어라!" 반복되는 노래를 들으며 아우구스티누스는 몸을 일으켜 세워 다시 집으로 들어갔다. 눈앞에는 농부와 함께 나눈 이야기의 소재였던 그 책 로마서가 놓여 있었다. 귀에 쟁쟁한 아이들의 노랫소리를 따라 아우구스티누스는 손에 잡히는 대로 책을 열었다.

바울 사도가 아우구스티누스를 위해 쓴 구절인가? 로마서 13장 12~14절이 눈에 들어왔다. "밤이 깊고 낮이 가까웠으니 그러므로 우리가 어둠의 일을 벗고 빛의 갑옷을 입자. 낮에와 같이 단정히 행하고 방탕하거나 술 취하지 말며 음란하거나 호색하지 말며 다투거나 시기하지 말고 오직 주 예수 그리스도로 옷 입고 정욕을 위하여 육신의 일을 도모하지 말라."

이 말씀을 읽으면서 아우구스티누스는 인생의 새로운 길을 찾았다. 고심하던 바로 그 해답을 발견했다. 인생의 쾌락에도 탐닉하고 학문을 깊이 연구해서 찾으려고 했고 명성과 부를 통해서도 발견해 보려고 했다. 하지만 그 길을 못 찾았다. 이제 하나님의 말씀 속에서 예수 그리스도라는 새로운 길을 아우구스티누스가 발견했다. 그의 인생길만 달라진 것이 아니라 초기 기독교의 신학을 정리하는 기독 교 신학의 길도 새롭게 열렸다(앞의 책, 205-208쪽).

유일한 길, 예수님을 통해
하나님 나라에 들어간다

　　　　　인생에 대해서 깨달은 사람들은 길을 찾으려고 애쓰는 데, 이렇게 길을 찾는 이유는 길을 잃었기 때문이다. 인간이 어디로 가야 하는지 알지 못하는 이유는 무엇인가? 아담과 하와가 에덴동 산에서 길을 잃었고 그 길을 사람들이 찾아가는 과정이 우리 인생이 다. 잃은 길을 찾아야 한다. 인생길이 천성길이 되어야 한다.

　복음서 기자들은 이사야 선지자를 인용해서 세례 요한이 길을 준비했다고 증거한다. 요한은 "주의 길을 곧게 하라고 광야에서 외 치는 자의 소리"(요 1:23)라고 간단히 언급된다. 그리고 누가복음이 자세하게 기록하고 있다. "선지자 이사야의 책에 쓴 바 광야에서 외 치는 자의 소리가 있어 이르되 너희는 주의 길을 준비하라. 그의 오실 길을 곧게 하라. 모든 골짜기가 메워지고 모든 산과 작은 산이 낮아지고 굽은 것이 곧아지고 험한 길이 평탄하여질 것이요 모든 육체가 하나님의 구원하심을 보리라 함과 같으니라"(눅 3:4-6).

이사야 선지자는 여호와의 길, 하나님의 대로를 예비하라고 하고 여호와의 영광을 모든 육체가 볼 것이라고 했다(사 40:3-5). 그런데 누가는 '주의 길' '그의 오실 길'이 있다고 기록했다. 하나님의 길이 바로 예수님의 길이라고 적용했고 여호와의 영광을 '하나님의 구원하심'이라고 보았다.

예수 그리스도를 통한 구원으로 하나님의 영광을 모든 사람이 보게 되는 일을 이제 예수님이 십자가에 달려 죽임당하기 전에 말씀하셨다(요 14장). 예수님이 십자가에서 죽임당할 것이라고 여러 차례 말씀하셨다. 제자 중 누군가가 예수님을 팔고 베드로가 예수님을 세 번이나 부인한다고 예수님이 말씀하셨다. 그러자 제자들에게 근심이 생겼다. 예수님이 제자들을 다독거리셨다. "너희는 마음에 근심하지 말라. 하나님을 믿으니 또 나를 믿으라"(요 14:1). 그리고 예수님은 아버지 집에 거할 곳을 마련하기 위해 가시고 거처를 다 준비하면 다시 오겠다고 하신다. 제자들을 영접해 그곳에서 함께 있게 하실 것이다(요 14:2-3).

그리고 말씀하셨다. "내가 어디로 가는지 그 길을 너희가 아느니라"(요 14:4). 도마가 주님이 어디로 가시는지 모른다고 반문한다. 길을 찾는 사람들, 길이 필요한 모든 인생의 공통된 질문이다. "주여

주께서 어디로 가시는지 우리가 알지 못하거늘 그 길을 어찌 알겠사옵나이까?"(요 14:5).

그러자 예수님이 분명하게 말씀하셨다. "내가 곧 길이요 진리요 생명이니 나로 말미암지 않고는 아버지께로 올 자가 없느니라"(요 14:6). 길은 바로 아버지 하나님께 가는 길이다. 그 길이 바로 예수님 자신이라고 분명하게 말씀하셨다. 예수님은 '길'이다. 하나님께 가는 유일한 길이다. 길을 못 찾아 헤매는 많은 사람이 끝내 발견할 수 있는 유일한 길 하나를 보일 수 있는데 그 길이 바로 예수님이시다.

요한복음에는 하나님 나라라는 단어가 공관복음에 비해 현저히 적지만 '진리' '영생' '빛' 등의 개념으로 하나님 나라를 설명한다. 예수님이 말씀하신 '진리와 생명'(영생)이 하나님 나라를 설명하듯이 '길'도 하나님 나라와 밀접한 연관이 있음을 우리가 짐작할 수 있다. 물론 길, 진리, 생명, 이 세 가지 중에서 이 문맥에서 가장 강조하는 주된 개념은 바로 '길'이다. 진리와 생명이 하나님 나라를 설명해주듯이 이 길이 바로 하나님 나라를 설명한다고 여기서 예수님이 강조하고 계신다. 세 이미지는 모두 추상적인 개념인데 인격이신 예수님을 설명하는 이미지로 우리가 이해해야 한다. 길이신 예수님을 통해서만 하나님 아버지에게 갈 수 있다. 하나님 나라에 들어가는 길은 바로 예수님뿐이다.

진리이신 예수님, 생명이신 예수님을 통해서만 하나님 나라에 들어갈 수 있다. 다른 방법은 없다. 진리가 아닌 거짓, 생명이 아닌 죽음을 통해서는 불가능하다. 진리가 무엇인지 예수님께 질문했던 빌라도 총독은 진리에 속한 자가 아니어서 결국 자유를 누리지 못했다. 진리를 알면 자유하게 되는데(요 8:32) 그는 하나님 나라와는 거리가 멀었다. 예수님은 생명이시다. 광야의 만나와 비교하면서 예수님은 하늘에서 내려온 생명의 떡인 자신을 먹으면 영생한다고 말씀하셨다(요 6:48-51).

이 두 가지 이미지와 더불어 길은 하나님 나라에 이르는 경로와 방법을 보여준다. 그 길은 이제 곧 예수님이 감당하실 십자가 길이다. 구원의 유일한 방법이다. 십자가에 달려 죽으시고 부활하시는 예수님을 믿어야 구원의 길에 들어설 수 있는데 이런 구원의 방법에 대해서 마가복음이 선명하게 대조하며 보여주고 있다.

예수님이 길에 나가시자 한 사람이 달려와 어떻게 영생을 얻느냐고 질문했다(막 10:17). 위의 아우구스티누스 이야기에서 다룬 바로 그 부자요 청년이었던 관리이다. 그는 길에서 예수님께 무릎도 꿇었다. 그런데 그는 결국 예수님이 말씀하신 하나님 나라에 들어가는 방법을 따르지 않았다. 결국 구원의 길에 들어서지 못했다.

예수님이 예루살렘으로 올라가는 '길'에(막 10:32), 여리고에 들르셨을 때 시각장애인이고 거지인 바디매오가 '길가'에 앉아 있었다(막 10:46). 이 바디매오가 예수님을 믿어 구원을 얻었다. 눈을 뜨게 된 바디매오는 '길'에서 예수님을 따랐다(막 10:52). 제자가 되었다는 뜻이다. 그 길은 예수님이 십자가 죽음을 통해 세상을 구원하기 위해 가시는 마지막 길이었다. 바디매오가 유일한 길이신 예수님을 통해 하나님 나라에 들어간 대표적인 사람임을 잘 아는 마가는 '길'이라는 단어를 강조하면서 잘 보여주고 있다.

예수님은 하나님 나라에 들어가는 구원에 대해서 특히 '길'이라는 이미지를 통해 설명하셨다. 길이요 진리요 생명이신 예수 그리스도를 통해서만 하나님께 갈 수 있다. 우리는 예수님이 제시하시는 길을 따라 하나님 나라에 들어간다. 로버트 프로스트가 〈가지 않은 길〉이라는 시를 썼다. 숲속에 두 갈래 길이 있었다. 바라볼 수 있는 데까지 멀리 바라봤지만 결국 한 길을 택했다. 마지막 연에서 노래한다. 숲속에 두 갈래 길이 있었다고, 나는 사람이 적게 간 길을 택하였다고, 그리고 그것 때문에 모든 것이 달라졌다고.

예수님이 말씀하시는 그 길은 사람들이 많이 간 길은 아니다. 모든 사람이 손잡고 가는 길도 아니다. 그러나 적은 사람들이 간 이 길을 선택하면 모든 것이 달라질 수 있다. 주님이 오늘 우리에게도 물으신다. "어떤 길을 가려는가?" 길이요 진리요 생명이신 예수 그리스도를 믿어 하나님 나라에 들어가는 길이 있다. 숲속에 난 두 갈래 길에서 이제 분명한 선택을 해야 한다.

당신의 '돈'으로
하나님 나라 배낭을 만들라

　　　　　　　　　복음서에는 돈에 대한 묘사가 꽤
많은 편이다. 신약성경에 나타나는 주제들을 조사해보면 '사랑'이라
는 주제가 가장 많고 다음으로 '돈'이라는 주제라고 한다. 복음서에
서도 돈, 재물, 소유, 탐욕 등의 단어들이 자주 등장하고 예수님도
자주 말씀하시고 있다. 직접적 언급만 살펴보아도 마태복음과 누가
복음이 각각 20여 회 언급하고 있다. 마가복음은 길이가 짧아서 그
런지 열 번도 안 되었는데 요한복음은 '환전상' '돈궤' '향유 가격'
정도만 나오고 돈의 소유나 탐욕과 같은 예수님의 말씀도 없었다.
눈에 띄게 요한복음에는 돈과 재물에 대한 언급이 적다.

　　요한복음은 '영생, 빛, 진리, 사랑'과 같은 단어들을 통해 하나님
나라를 보여준다. 다른 복음서들에서 언급하는 횟수를 다 합할 만큼

자주 말하면서 요한복음만의 특징으로 하나님 나라를 잘 설명한 단어들이다. 그런데 요한복음이 이 '돈'이라는 주제에 대해서 관심이 적은 것이 이채롭다. 복음서가 네 개나 있는 이유가 분명함을 확인할 수 있다. 각 저자들의 중점과 의도, 청중에 따라서 필요한 복음들이 다양할 수 있다. 여기서는 마태복음과 누가복음을 중심으로 돈과 관련해 예수님이 하나님 나라에 대해서 알려주시는 교훈을 찾아보자.

하나님이냐? 돈이냐?
: 당신의 모든 것!

돈과 관련해서 하나님 나라 관점으로 복음서를 살펴보니 요절이 될 만한 구절이 떠올랐다. 마태복음 6장 33절이다. "그런즉 너희는 먼저 그의 나라와 그의 의를 구하라. 그리하면 이 모든 것을 너희에게 더하시리라." 여기서 '모든 것'은 바로 의식주와 관계된 우리 인생의 모든 필요를 말한다. 그것보다 먼저 "하나님 나라와 하나님의 의", 즉 하나님과의 관계를 우선시하라고 교훈하신다. 누가복음 12장 31절에서도 같은 내용의 말씀을 하신다. "다만 너희는 그의 나라를 구하라. 그리하면 이런 것들을 너희에게 더하시리라."

그런데 돈과 관련해서 하나님 나라를 표현하는 복음서의 교훈에 '모든 것' '모든 소유' '다(all)'라는 표현이 자주 나온다. 예수님이 광야에서 시험을 받으실 때 사탄이 자기에게 경배하면 뭘 주겠다고 했을까? "이 모든 것"(마 4:9)이다. 그러나 예수님은 이런 방법으로 하나님 나라 이루기를 거절하셨다. 예수님의 천국 비유 중 고용되어서 밭을 갈다가 그 밭에 감추어진 보화를 발견한 사람이 나온다. 잘 숨겨두고 돌아가서 뭘 팔아서 그 밭을 샀을까? '자기의 소유를 다 팔아' 밭을 산다(마 13:44). 한 상인이 극히 값진 진주 하나를 발견했다. 무엇으로 그 진주를 샀을까? '자기의 소유를 다 팔아' 값진 진주를 산다(마 13:46).

천국 시민의 미덕인 용서를 말씀하시는 비유에서 임금이 1만 달란트 빚진 자가 갚을 것이 없다고 하는데 임금은 어떻게 갚으라고 하는가? "그 몸과 아내와 자식들과 모든 소유를 다 팔아 갚게 하라"(마 18:25)고 한다. 장차 재림하시는 예수님을 바라보게 하는 예수님의 비유 말씀에서 여행 간 주인을 대신해 때를 따라 집 사람들에게 음식을 나눠주는 역할을 잘한 종에게 주인이 돌아와 무엇을 맡길까? '그의 모든 소유' 를 맡긴다(마 24:47).

제자들과 연관해서도 비슷하다. 어부였던 초기 제자들, 베드로, 안드레, 야고보, 요한이 예수님 말씀을 듣고 이적으로 물고기를 많이 잡은 후 뭘 버려두고 예수님을 따랐는가? '모든 것' 을 버려두고 예수를 따랐다(눅 5:11). 마태복음의 저자 레위도 세관에서 일하던 세리였는데 예수님이 부르시자 '모든 것' 을 버리고 일어나 따랐다(눅 5:28). 부자였던 관리가 영생을 얻기 위해 예수님을 찾아왔을 때 예수님은 계명을 다 지켰다는 그 관리에게 무엇을 팔아서 가난한 자들에게 나눠주라고 하시는가? '네게 있는 것을 다 팔아' 나눠주고 예수님을 따르라고 하셨다(눅 18:22). 부자가 하나님 나라에 들어가기 어렵다고 하자 베드로는 예수님께 '우리의 것을 다 버리고' 따랐다고 말한다(눅 18:28). 예수님이 자기 십자가를 지고 따라야만 제자가 될 수 있다는 말씀을 하시면서 망대를 세우고 전쟁을 준비하는 비유를 이 말씀으로 결론지으셨다. "누구든지 자기의 '모든 소유'를 버리지 아니하면 능히 내 제자가 되지 못하리라"(눅 14:33).

이렇게 하나님 나라 문맥에서 '모든 것' '모든 소유' '다'라는 표현을 반복하면서 돈의 절대성을 강조하는 이유가 무엇일까? 물론 절대적 기준으로 '모든'이라는 표현대로 적용되지는 않았을 것이다. 그런데도 하나님 나라를 묘사하면서 이렇게 돈과 재물을 '모든 것'이라고 강조하고 있다. 이 절대성의 의미를 생각하면 예수님의 말씀이 떠오른다. "한 사람이 두 주인을 섬기지 못할 것이니 혹 이를 미워하고 저를 사랑하거나 혹 이를 중히 여기고 저를 경히 여김이라. 너희가 하나님과 재물을 겸하여 섬기지 못하느니라"(마 6:24, 눅 16:13).

예수님이 '하나님'과 '재물'을 비교하신다. 재물도 주인이라고 하신다. 사실은 재물이 우리 인생의 주인 후보에 오를 정도는 아니지 않은가? 이것이 진리가 아니라 사람들이 돈을 하나님처럼 섬기는 현실을 예수님이 지적하신다. 이런 돈의 특징 때문에 예수님은 하나님 나라에 관한 가르침에서 돈에 절대성을 부여하신다.

이렇게 돈에 절대적 가치를 부여하고 정말 하나님처럼 여기며 살았던 사람을 예수님이 비유 속에서 말씀하셨다. 한 부자 농부의 비유이다(눅 12:13-21). 유산을 나누는 문제에 관해 질문을 받은 예수님이 말씀하신 부자 농부의 문제는 무엇이었는가? 부자 농부는 여러 해 쓸 물건을 많이 쌓아두었으니 샬롬은 지속될 거라고 자기의 영혼에게 속삭였다. 이 사람에게는 돈이 곧 하나님이었다. 그런데 그날 밤 하나님이 그의 영혼을 찾으시면 애써서 준비한 돈이 누구 것이 되겠느냐고 예수님이 질문하신다.

쌓아둔 재물을 하나님으로 여기고 정작 하나님은 하나님으로 여기지 않았던 것이 부자 농부의 문제였다. 이런 부자 농부와 같은 삶을 살아서는 안 된다는 경고를 예수님이 하신다. 이 비유에 이어 예수님은 돈으로 살펴보는 하나님 나라에 대한 교훈을 말씀하셨다(눅 12:22-34). 마태복음의 산상수훈에 해당하는 내용의 말씀이 누가복음에서는 특히 장차 임할 종말과 연결해 기록되었다(눅 12:35-48).

너희 소유를 팔아
낡지 않는 배낭을 만들라

이제 돈으로 살펴보는 하나님 나라에 대해 살펴보자. 우리는 살아가면서 염려를 많이 한다. 그런데 염려의 근원에는 탐욕이 도사리고 있다. 부자 농부 비유에서도 본 대로 인간의 욕심은 끝이 없다. "조금 더, 조금만 더!"를 외치며 만족을 모른다. 이런 세상 염려의 근본적 원인을 예수님이 지적하신다. 누가복음 12장 32절을 보면 "적은 무리여 무서워 말라"고 하신다. 바로 두려움이다. 22절부터 시작해서 길게 염려와 걱정에 대해 교훈하신 예수님은 이제 결론과 대안을 내세우며 가르침을 요약하신다.

목숨을 위해서나 몸을 위해서 염려하지 말라고 하시는 예수님이 이렇게 말씀하신다. "목숨이 음식보다 중하고 몸이 의복보다 중하니라"(눅 12:23). 중요한 것을 찾기 위해서는 비교해보면 된다. 음식과 옷보다 목숨과 몸이 중요한데 우리는 부차적인 것에 더 신경을 쓰곤 한다. 중요한 것을 먼저 찾으면 우리가 염려하지 않을 수 있다. 까마귀와 백합화를 비교하시는 것을 통해서도 알 수 있듯이 비교하더라도 우리는 위를 보고 하면 안 된다. 하찮아 보이는 것들도 신경 써서 돌봐주시는데 우리의 아버지이신 하나님이 하나님의 형상으로 창조하신 우리를 돌봐주시지 않겠는가? 이렇게 단순하게 비교해보고 우리는 자신감을 가져야 한다. 우리를 먹이고 입혀주시는 분은 "너희 아버지"라고 예수님이 말씀하신다(눅 12:30,32).

따라서 우리는 하나님 나라를 구해야 한다(눅 12:31). 하나님 나라를 구하면 '이런 것들', 즉 우리가 염려하는 의식주에 관한 모든 것들을 더하신다고 약속하신다. "적은 무리여 무서워 말라. 너희 아버지께서 그 나라를 너희에게 주시기를 기뻐하시느니라"(눅 12:32).

하나님 나라가 임하기에 우리는 두려워하지 말고 하나님 나라를 구하는 삶을 살아야 한다.

그러면 하나님 나라를 구하는 삶은 구체적으로 어떤 것인가? 예수님이 구체적으로 알려주신다. "너희 소유를 팔아 구제하여 낡아지지 아니하는 배낭을 만들라"(눅 12:33). 이 배낭은 재난을 대비한 '생존 배낭'이 아니다. 하늘에 두는, 내용물이 줄어들지 않는 보물 주머니다. 도둑도 가까이하지 못하고 좀먹는 일 없이 안전하고 이자도 많은 적금과도 같다. 이 땅에서 확인할 수 있고 빼내 활용할 수는 없는 것이다. 하나님 나라의 현재성이 아닌 미래성과 관계있다. 이 배낭은 우리가 하나님 나라의 가치를 실현하는 활동을 통해 미래의 하나님 나라에 적립하는 '천국 상급'을 의미한다.

이렇게 우리 소유를 팔아 구제해서 배낭을 채우는 일이 무엇인지 예수님이 종말의 문맥에서 구체적으로 알려주신다. 장차 임할 하나님 나라, 즉 재림으로 시작될 새 하늘과 새 땅에서 우리가 받는 상급을 언급하시는데 그 비유의 배경이 모두 '일'과 연관되어 있다는 점이 이채롭다. 허리에 띠를 띠고 등불을 켜고 서 있으라고 하면서 일하는 종의 비유를 말씀하신다(눅 12:35-40). 혼인 잔치 집에 다녀온 주인이 한밤중에라도 돌아오면 바로 문을 열어주게 기다리는 종은 복이 있을 것이다. 어떻게 주인이 상을 주는가? "주인이 띠를 띠고 그 종들을 자리에 앉히고 나아와 수종들리라"(눅 12:37). 주인이 일 잘한 종들에게 식사 시중을 들어준다니 상상하기가 쉽지 않다.

무엇을 말하는가?

이것은 장차 임할 천국에서 누릴 천국 백성의 상급을 의미한다. 십자가를 앞둔 예수님이 최후의 만찬 자리에서 하나님 나라에서는 예수님의 식탁에서 먹고 마신다고 말씀하셨다. "너희로 내 나라에 있어 내 상에서 먹고 마시며"(눅 22:30). 우리가 이 땅에서 돈과 관련해서 일을 잘하고 깨어 준비하면 이렇게 주님의 식탁에서 대접받는다고 천국 상급에 대한 분명한 약속을 확고하게 해주셨다.

이어지는 비유에서도(눅 12:42-48) 주인을 대신해 때를 따라 집안사람들에게 양식을 나눠주는 일을 잘한 종은 주인이 돌아올 때 칭찬받는다. 그리고 주인이 '그 모든 소유'를 맡긴다(눅 22:44). 바로 장차 임할 하나님 나라에서 우리가 어떤 상급을 받는지 암시해주는 비유이다. 이렇게 오늘 우리도 일터에서 일을 제대로 하면 바로 자기 소유를 팔아 하나님 나라 배낭에 하늘 보화를 잘 쌓을 수 있다. 이제 누가는 하나님 나라 배낭을 잘 만드는 사람이 누구인지 우리에게 질문하고 우리의 결단을 촉구한다.

누가 하나님 나라 배낭을 만들었나?

그러면 누가 하나님 나라 배낭을 제대로 만들었을까?

누가는 하나님 나라를 실현하기 위해 십자가로 가시기 전에 예수님이 만난 두 사람을 통해 우리에게 알려준다. 복음서에서 보여주는 하나님 나라를 살펴볼 때 부자 관리와 세리장 삭개오는 매우 중요한 인물이라고 생각한다. 하나님 나라를 설명하는 여러 관점에서 단골로 등장하는 것을 볼 수 있다. 돈으로 살펴보는 하나님 나라에서는 더욱 이 두 사람이 중요하다.

예수님을 찾아와 영생을 얻기 원했던 부자 관리에게 필요한 것은 예수님의 말씀대로 "네게 있는 것을 다 팔아 가난한 자들에게 나눠주는" 일이었다. 그러면 하늘에서 보화가 있고 그렇게 한 후에 예수님을 따르면 영생을 얻을 수 있었다. 다시 말하면 하나님 나라에 들어갈 수 있었다(눅 18:22). 재물을 팔아 구제해야 하나님 나라에 들어간다고 하신 예수님은(눅 18:24-25) 바로 "너희 소유를 팔아 구제하여 낡아지지 아니하는 배낭을 만들라"(눅 12:33)는 말씀을 부자 관리에게 하셨던 셈이다. 그러나 재물이 많았던 젊은 관리는 예수님의 말씀을 듣고 매우 근심했을 뿐 실천하지 않았다.

여리고 세무서의 세리장 삭개오는 어땠는가? 부자 관리만큼 부자였을 삭개오는 예수님이 누구신지 알고 싶었다. 예수님이 나무 위에 올라간 삭개오를 부르셨고, 예수님을 자기의 집으로 영접한 후 삭개오는 예수님 앞에서 공식적으로 선언했다. "주여 보시옵소서. 내 소유의 절반을 가난한 자들에게 주겠사오며 만일 누구의 것을 속여 빼앗은 일이 있으면 네 갑절이나 갚겠나이다"(눅 19:8). 이 결심에 대한 예수님의 말씀을 들어 보면 삭개오의 결단은 자신이 가진 모든 돈으로 하나님 나라 배낭을 만든 일이었다.

삭개오의 하나님 나라 배낭 만들기 결단은 예수님 말씀대로 낙타가 바늘귀를 통과하는 것보다 어려운 부자가 하나님 나라에 들어가는 일을 보여주는 중요한 증거였다(눅 18:24-25). "오늘 구원이 이 집에 이르렀으니 이 사람도 아브라함의 자손임이로다. 인자가 온 것은 잃어버린 자를 찾아 구원하려 함이니라"(눅 19:9-10). 회개를 자신의 모든 소유에 대한 포기, 하나님을 주인으로 삼는 결단으로 보여준 삭개오는 하나님 나라에 들어간 부자였다. '바늘귀를 통과한 부자 낙타' 가 바로 삭개오였다.

그러면 이렇게 부자에게만 하나님 나라에 들어가는 기회가 주어질까? 부자들의 수보다 훨씬 더 많은 가난한 사람들은 좀 억울하지 않겠는가? 그렇지 않음을 우리가 유추할 수 있는 이야기를 누가가 준비해주고 있다. 헌금은 많이 해야 좋은 것이고 그래야 하나님을 만족시킨다고 생각하는 사람들 앞에서 한 가난한 과부가 두 렙돈의 헌금을 성전 헌금함에 넣었다. 두 렙돈은 노동자의 하루 일당인 한 데나리온의 64분의 1에 해당하는 돈이다.

예수님이 그 가난한 과부가 많이 헌금하는 모든 부자보다 많이 넣었다고 하셨다. 풍족한 중에 헌금을 한 많은 사람과 달리 과부는 자기가 가진 생활비 전부를 넣었다고 하셨다(눅 21:1-4). 이 가난한 과부의 '생활비' 는 '자기의 모든 소유, 곧 생활비 전부' 라고 마가가 상세하게 설명해준다(막 12:44). 과부가 했던 적은 액수의 헌금은 바로 '모든 소유'를 실천한 중요한 사례이다. 예수님이 이 점을 강조하시며 가난해도 하나님 나라 배낭을 준비할 수 있다고 우리를 격려하신다.

이렇게 하나님 나라 배낭을 만드는 구체적인 모습을 이후에 예루살렘교회에서 보여주었다. "믿는 사람이 다 함께 있어 모든 물건을 서로 통용하고 또 재산과 소유를 팔아 각 사람의 필요를 따라 나눠주며"(행 2:44-45), "믿는 무리가 한마음과 한뜻이 되어 모든 물건을 서로 통용하고 자기 재물을 조금이라도 자기 것이라 하는 이가 하나도 없더라"(행 4:32). 초대교회 공동체는 예수님이 말씀하신 '모든 소유'를 공동체의 공유라는 형태로 보여주었다. 또한 소유를 팔아 가난한 사람들을 매일 구제하는 일을 잘 실천하기도 했다(행 6:1).

물론 구제하는 과정에 차별이 있었고 아나니아와 삽비라사건을 통해서 확인할 수 있는 대로(행 5장) 재산을 공유하는 일에 탐욕으로 인해 심각한 부작용도 발생했다. 또한 이런 일이 언제까지나 지속되었던 것도 아니다. 바울이 순회하는 교회들에서 연보하는 일에 대해 여러 번 편지했던 것을 보면 예루살렘 교회의 재산 공유는 일시적 현상이었다. 하지만 돈으로 표현하는 하나님 나라를 하나님 나라 배낭 만드는 일로 보여주었다는 점에서는 의미가 적지 않다.

오늘 우리도 우리의 소유를 팔아 하나님 나라 배낭을 만드는 일을 실천해야 한다. "돈을 사랑함이 일만 악의 뿌리"(딤전 6:10)라는 가르침을 명심하고 우리가 가진 것으로 하나님 나라를 위한 소비를 할 수 있어야 한다. 하나님 나라의 배낭을 만드는 소비생활에 대한 나름의 기준과 지침이 필요하다. "다만 너희는 그의 나라를 구하라. 그리하면 이런 것들을 너희에게 더하시리라"(눅 12:31). 하나님 나라의 가치를 우선하는 재정 원칙을 정하고 돈을 사용할 수 있어야 한다.

이런 원칙을 구체적으로 실천하는 훈련 또한 꼭 필요하다. 삭개오가 '하나님 나라 배낭의 포트폴리오'를 보여준다. 부자 관리에게 요구하신 것처럼 재산을 팔아서 가난한 자들에게 주라고 예수님이 삭개오에게 직접 말씀하시지는 않았던 것으로 보인다. 삭개오가 그 이야기를 들었는지, 자신의 모든 소유가 예수님을 만나 하나님 나라에 들어가는 일에 장애가 되는 것을 알고 나름의 하나님 나라 배낭을 꾸린다. 재산의 절반을 가난한 자들에게 주겠다고 약속했다. 그리고 누구의 것을 속여 빼앗은 일이 있으면 네 배로 갚겠다고 했다. 세금 징수에 관련된 일에서 자신의 죄를 회개하며 경제적으로 피해를 본 사람들을 찾아 사죄하고 잘못된 일을 돌이키겠다고 구체적으로 실천 지침을 밝혔다. 삭개오의 상황에 맞는 하나님 나라 배낭 만들기를 보여주고 있다.

우리도 하나님 나라 배낭을 잘 만들어야 한다. 하나님 나라의 시민은 재정생활에서 남다름을 보여주어야 한다. 사람들이 돈을 중요하게 여기는 현실을 기억하며 하나님 나라 배낭 만들기를 잘 실천할 수 있어야 한다. 그때 새 하늘과 새 땅에서 주님이 우리에게 상급으로 주실 '모든 소유'를 기억하자. 가슴 벅찬 일을 상상하며 오늘 우리의 경제생활로 하나님 나라가 이 땅에 임하게 하는 일을 잘 감당해야 한다.

CHAPTER·07

예수님을 따르는 '제자'로
살고 있는가?

           하나님 나라를 선포하신 예수님
은 하나님 나라를 보여주고 실현하는 일을 하실 때 선발하신 제자들
과 함께하셨다. '제자들'을 언급하지 않고 복음서에서 하나님 나라
에 대해서 파악하기는 어렵다. 예수님을 믿고 구원받은 우리 역시
세상에서 제자의 삶을 살아간다. 일하는 우리는 일터에서 예수님의
제자이다.

    일하는 제자로 살아가는 우리 제자도의 중요한 원칙은 '우선순
위'라고 예수님이 산상수훈에서 가르쳐주신다. "너희는 먼저 그의
나라와 그의 의를 구하라. 그리하면 이 모든 것을 너희에게 더하시
리라"(마 6:33). 예수님은 '하나님 나라'와 우리가 살아가면서 필요
한 '모든 것', 즉 염려하는 것을 비교하신다. 현실의 삶을 살아가는

우리에게 하나님 나라를 우선적으로 추구하는 삶이 바로 하나님 나라를 실현하는 방법이라고 강조하셨다. 사복음서가 다 제자들을 중요한 주제로 다루지만, 특히 마태복음을 중심으로 '하나님 나라의 제자도'에 대해 살펴보자.

제자도의 우선순위로
예수님을 따르라

공생애를 시작하신 예수님은 사역을 본격적으로 하기에 앞서 제자들을 부르셨다. 베드로를 시작으로 초기 제자들인 안드레와 야고보, 요한을 부르셨다(마 4:18-25). 이 제자 삼는 기사에서 제자도를 특히 하나님 나라의 우선순위로 보여주고 있다.

이 부분을 세 단락으로 나눌 수 있다. 18~20절, 21~22절, 23~25절이다. 각 단락은 '따르다'(헬라어, '아콜루데오')라는 단어를 한 차례씩 기록하고 있다(마 4:20,22,25). 이 단어는 '따르다'(follow), '동행하다'(accompany)라는 뜻이고 '제자가 되다'(be a disciple)라는 제자도의 전문용어로도 쓰였다. 제자도의 특징을 설명해주는 이 단어를 언급하면서 마태는 제자도에 관한 메시지를 던지고 있다.

우선 첫 단락(마 4:18-20)은 갈릴리 호수에서 어부로 일하던 베드로와 그의 형제 안드레를 예수님이 부르시자 그들이 곧 따랐다고 기록한다. 베드로와 안드레는 당시 생계 수단이었던 그물마저 버려두고 즉시 예수님을 따랐다. 이것은 제자도의 한 중요한 우선순위를 보여준다. 우리는 누가복음 5장과 요한복음 1장을 통해서 베드로와 안드레가 예수님의 제자가 되는 과정이 있었음을 이미 알고 있다. 마태는 그 과정을 축약하며 제자도의 중요한 특징을 알려준다. 바로 급한 결단, 즉 긴급한 우선순위를 보여준다. 예수님이 우리를 부르시면 우리는 신속히 응답해야 한다. 급한 부르심에 신속히 응답하여 따르는 사람이 바로 제자이다.

한편 우리 주 예수님은 또 다른 형제인 야고보와 요한도 부르셨다(마 4:21-22). 아버지와 함께 배에서 그물을 깁고 있는 형제를 보시고 부르셨다. 이때 야고보와 요한이 예수님을 따랐는데 두 사람이 버린 것은 '배와 아버지'였다. 이것은 무엇을 말하는가? 야고보와 요한은 상속도 포기하고 가족을 떠나 예수님을 따르며 '전임 제자'가 되기로 결심한 우선순위를 보여준다. 주님을 따라 하나님 나라에 들어가기 위해서는 우리가 가진 모든 것을 버릴 수 있어야 한다. 이런 결단을 하나님 나라 제자도는 요구한다.

이어서 마태는 예수님을 따르기는 하는데 혹시 다른 목적이 있다면 그가 예수님의 참된 제자라고 할 수 있는지 질문한다. 예수님이 사역 초기에 갈릴리 지방으로 다니며 말씀을 전하시고 사람들의 질병을 고쳐주셨다. 그러자 갈릴리뿐만 아니라 거의 전국 각지에서 많은 무리가 예수님을 따랐다(마 4:23-25). 어쩌면 그들은 예수님이 전하는 천국 복음에 대한 관심보다는 병 고침을 받기 위해서 예수님을 따랐다. 복음서에서 표현하고 있는 '무리'는 예수님을 따랐지만 필요에 따라 떠나기도 하는 사람들이었다. 자신의 긴급한 필요가 예수님을 따르는 동기가 될 수는 있다. 그런데 그 상태에 머물러 있으면 참된 제자가 되기는 어렵다. 제자로 훈련을 잘 받아야 한다. 이어지는 산상수훈 말씀(마 5-7장)을 꼭 듣고 실천해야 예수님을 진정으로 따르는 참 제자가 될 수 있다고 마태는 강조한다.

"나는 과연 주님을 따르는 제자인가?" 우리도 이 질문에 대답하며 삶의 우선순위를 잘 점검해보아야 한다. 어떤 동기로 예수님을 알게 되었든 예수님의 제자로 살아가는 제자도의 우선순위를 실천하기 위해 노력해야 한다. 일터에서 일하며 살아가면서 말씀으로 훈련받아야 우리는 일하는 제자로 살아갈 수 있다.

많은 것을 포기하고
주님을 따를 수 있는가?

마태복음 4장 18~25절에 이어 8장 18~27절에서도 '따르다'라는 제자도의 전문용어를 담은 세 단락이 나온다. 18~20절, 21~22절, 23~27절인데 역시 각 단락은 "따르다"라는 단어를 한 차례씩 기록하면서 예수님의 제자도를 가르쳐주고 있다. 첫 단락에서는(마 8:18-20) 기특하게도 한 서기관이 예수님에게 이렇게 말했다. "선생님이여 어디로 가시든지 저는 따르리이다." 이렇게 헌신적이고 제자도를 알고 있던 서기관은 거의 없었다.

그런데 쌍수를 들고 환영하셔야 할 듯한데 예수님은 "여우도 굴이 있고 공중의 새도 거처가 있으되 인자는 머리 둘 곳이 없다"고, 제자가 되려면 극단적으로 가난한 생활도 감수해야 한다고 말씀하신다. 평생 아파트 한 채 마련할 만한 여건이 전혀 되지 않는 상황이라도 주님을 따르는 제자의 삶을 결단할 수 있는지, 예수님이 오늘 우리에게도 질문하신다. 풍요를 마다하고 가난을 선택할 수 있는 삶은 고귀하다. 일하는 제자인 우리에게도 예수님이 이렇게 요구하신다.

두 번째 단락에서는(마 8:21-22) 아마도 경제적 안정은 이미 포기하고 예수님을 따르는 제자 중의 한 사람이 예수님께 부탁했다. "주여 내가 먼저 가서 내 아버지를 장사하게 허락하옵소서." 이 부탁은 아버지의 장례식을 치르고 오겠다는 '휴가' 요청이 아니었다. 연로하신 부친을 모시면서 가족에 대한 의무를 다한 후 주님을 따르겠다는 제자생활 '휴직' 혹은 '시한부 연기' 요청이었다. 그러나 주님은 단호하셨다. 영적으로 죽은 자들이 육체적으로 죽은 자를 장사하게 하고 "너는 나를 따르라"고 말씀하셨다. 다른 사람이 부친을 돌보아드릴 수 있으니 우선순위를 분명히 하여 주님을 따르라고 강하게 권면하셨다. 가족을 제대로 돌보지 못하는 상황이 닥쳐도 주님을 따르는 제자도의 우선순위가 요구될 수 있다. 이런 때도 우리는 잘 선택해야 제자의 책임을 다할 수 있다.

　세 번째 단락은(마 8:23-27) 예수님이 건너편 가다라 지방으로 가시기 위해 배에 오르셨고 제자들이 예수님을 따르는 장면에서 시작한다(23절). 그런데 제자들은 예수님이 주도하신 항해에서 풍랑을 만나 죽을 고생을 했다. 그러나 온 우주를 창조하신 하나님의 아들, 자연을 제어하고 풍랑을 잠재우실 예수 그리스도께서 배에 타고 계셨다. 제자들은 생명이 위태로운 지경에 처할 때 예수 그리스도께서 함께 계신다는 믿음으로 어려움을 극복해야 했다.

　마태는 제자도의 우선순위를 강조하는 문맥에서 우리에게 질문한다. "당신도 예수님의 제자로 살아가면서 생명의 위협까지 감수하며 하나님 나라를 실현하고 있는가?" 이것이 예수님의 제자가 가질 믿음이고 제자도의 우선순위이다. 우리의 일터에서 우리는 이런 각오를 가지고 일하는 제자로 살아가고 있는가?

나를 따르는 너희도
이스라엘을 심판하리라

　　　　예수님의 변화산사건(마 17장) 이후 죽음과 부활에 대해 예수님이 두 번째로 다시 말씀하셨다(마 17:22-23). 이후 십자가 사건에 다가갈수록 하나님 나라(=천국)가 자주 등장한다. 제자들의 질문도 천국에 대한 주제로 모아진다. 제자들은 사실 하나님 나라에 대한 착각 속에 빠져 있었고 장차 임할 그 나라에서 한자리 차지하는 것에 관심이 있어서 "천국에서는 누가 크니이까?"(마 18:1)라고 질문했다. 예수님은 어린아이를 세우고 "어린아이들과 같이 되지 아니하면 결단코 천국에 들어가지 못하리라. 그러므로 누구든지 이 어린아이와 같이 자기를 낮추는 사람이 천국에서 큰 자"(마 18:3-4)라고 말씀하신다.

베드로가 용서에 대해서 질문할 때도, 일곱 번을 일흔 번까지라도 용서해야 한다면서 "천국은 그 종들과 결산하려 하던 어떤 임금과 같으니"라고 천국에서 가치 있는 미덕이 바로 용서라는 가르침을 주는 비유를 말씀하신다(마 18:21-35).

이 말씀을 마치신 후 갈릴리를 떠나 유대에 이르셨을 때 큰 무리가 따랐다(마 19:1). 여기서 다시 '따르다'라는 제자도의 핵심 용어가 등장한다. 예수님은 사역 초기에도 그러셨던 것처럼 여기서도 무리의 병을 고쳐주셨다.

바리새인들이 이혼 증서를 써주고 아내를 버리면 타당하지 않느냐고 예수님을 시험했다. 이때 예수님은 사람들의 마음이 완악해서 이혼을 허락했다면서 음행한 이유 외에 배우자를 버리면 간음함과 같다고 말씀하신다. 그러자 제자들이, 차라리 그러면 장가들지 않는 것이 더 좋겠다고 말한다. 이때 예수님이 말씀하신다. 결혼하지 않는 것은 모든 사람에게 해당되지 않고 타고난 사람만 할 수 있고 선천적으로 성적 장애를 가진 사람도 있는 반면에, 천국을 위해 스스로 고자가 된 사람도 있다고 하신다. 이 말을 받을 만한 사람은 받으라고 하셨다(마 19:10-12). 결혼과 독신의 은사에 관한 교훈을 우리가 얻지만, 여기서 우리가 관심 있게 보아야 할 점은 예수님이 '천국'이라는 주제로 관심거리를 모으고 계시다는 점이다.

이렇게 예수님은 하나님 나라에 대해 집중하고 십자가로 가는 길까지 함께하기를 원하셨지만 제자들은 예수님 말씀을 제대로 이해하지 못했다. 사람들이 아이들을 데리고 오니까 애들은 가라고 꾸짖었다. 예수님은 "어린아이들을 용납하고 내게 오는 것을 금하지 말라. 천국이 이런 사람의 것이니라"(마 19:14)고 말씀하신다.

이어서 부자 청년에 대한 이야기가 나온다. 이 청년의 관심사가 바로 '영생'이었다. 천국에 대한 관심을 가지고 있던 사람이 방문해 중요한 말씀을 예수님이 하시게 되었다. 어떤 선한 일을 해야 영생을 얻는지 질문하자 예수님은 계명들을 지키라고 하셨다. 부자 청년이 계명들을 다 지켰다고 하니 예수님은 소유를 팔아 가난한 자들에게 주면 하늘에서 보화가 있을 것이라고 말씀하신다. "그리고 와서 나를 따르라"(마 19:21)고 말씀하신다. 예수님을 따르는 제자가 바로 영생에 들어가는 사람이다.

제자들에게 예수님은 명확하게 말씀하신다. "천국에 들어가기"(마 19:23), "하나님 나라에 들어가는 것"(마 19:24). 예수님을 따르는 사람, 즉 제자가 천국에 들어갈 수 있다. 예수님이 부자 청년에 대해 교훈하시며 재물에 대한 집착을 가지면 천국에 들어가기 힘들다고 하시자 베드로가 질문했다. "보소서. 우리가 모든 것을 버리고 주를 따랐사온대 그런즉 우리가 무엇을 얻으리이까?"(마 19:27). 장차 임할 하나님 나라를 기대하며 천국 상급에 대해 질문했다.

이때 예수님이 명쾌하게 답하셨다. "세상이 새롭게 되어 인자가 자기 영광의 보좌에 앉을 때에 나를 따르는 너희도 열두 보좌에 앉아 이스라엘 열두 지파를 심판하리라"(마 19:28). '나를 따르는 너희', 즉 예수님을 따르는 제자들에게 주신 약속이다. 구체적인 내용을 정확히 알 수는 없지만 장차 임할 하나님 나라에서 예수님과 더불어 리더십을 발휘하는 일을 하게 된다고 우리가 짐작할 수 있다.

먼저 된 자가 나중 되고
나중 된 자가 먼저 되리라

마태복음 19장 30절은 제자와 하나님 나라에 대한 마태의 메시지를 그냥 끝내지 못하게 한다. "그러나 먼저 된 자로서 나중 되고 나중 된 자로서 먼저 될 자가 많으니라." 천국에서는 앞뒤 순서가 뒤바뀌고, 어찌 보면 불공정한 상황이 있다는 것이다. 예외가 간혹 있으면 그나마 수긍할 텐데 그런 사람이 많다고 하신다. 이어지는 20장의 포도원 품꾼의 비유가 이 딜레마에 대한 예수님의 해설이다. 나중에 온 품꾼들도 아침에 들어와 하루 종일 일한 사람과 같이 한 데나리온을 받는다. 이것이 하나님이 만드신 천국의 보상과 분배의 원리이다. "이와 같이 나중 된 자로서 먼저 되고 먼저 된 자로서 나중 되리라"(마 20:16). 포도원 품꾼의 비유가 이 구절로 샌드위치가 되어 있다! 이 말씀을 제자들이 잘 새겨야 하는데 제자들은 과연 뭘 하고 있었을까?

더구나 곧 예루살렘에서 죽임당하고 부활하시는 일에 대해서 세 번째 말씀하셨는데(마 20:17-19) 제자들은 누가 높은 자리에 앉을지 또 다투고 있었다. 야고보, 요한의 어머니가 치맛바람을 일으켜 촉발한 이 순위 다툼, 경쟁의식에 대해서 예수님은 구원주로 이 땅에 오신 목적을 언급하며 가르치셨다. "인자가 온 것은 섬김을 받으려 함이 아니라 도리어 섬기려 하고 자기 목숨을 많은 사람의 대속물로 주려 함이니라"(마 20:28).

하나님 나라에 대한 이 중요한 가르침에 대해 깨닫도록 제자들의 착각을 깨우치는 한 사건을 마태가 기록하고 있다. 천국의 제자도를 설명하는 마태의 결론이라고 볼 수 있다. 시각장애인들의 치유 사건이었다. 예루살렘으로 가는 마지막 여정에서 여리고를 떠나실 때도 "큰 무리가 예수를 따르더라"(마 20:29)고 마태는 기록한다. 거기서 두 시각장애인이 예수님께 눈 뜨기를 간절히 소망했고 예수님이 고쳐주시자 시각장애인들이 반응했다. "그들이 예수를 따르니라"(마 20:34).

제자들은 지난 3년 동안 예수님을 따랐다고 자부했다. 베드로는 모든 것을 버리고 주님을 따랐으니 뭔가 얻을 것이 있어야 하지 않느냐고 요구하기도 했다. 그런데 꽉 채운 '3호봉 제자들'은 하나님 나라에 대한 이해가 부족했다. 그러자 이제 '1일 차 제자들'은 십자가로 가시는 마지막 길에서 예수님을 따랐다. 그들은 마지막 기회를 잡아 주님을 따르는 제자로 헌신했다. 과연 예수님의 참 제자가 누구인지, 하나님 나라에서 열두 보좌에 앉아 이스라엘 열두 지파를 심판할 자가 누가 될 것인지, 어떤 제자들일지 마태는 질문하고 있다.

마태는 자신의 복음서에서 '따르다'라는 제자도의 전문용어를 사용하면서 하나님 나라의 제자도에 대한 교훈을 주고 있다. 예수님을 따르는 제자는 하나님 나라의 우선순위를 추구하는 삶을 살아야 한다. 급한 결단을 요구하며 부르실 때 제자들은 응답해야 한다. 새 하늘과 새 땅이 임할 때 예수님과 함께 '이스라엘 열두 지파'를 심판하는 리더십을 발휘하는 천국 상급도 약속해주셨다. 하지만 먼저 된 자가 나중 되고 나중 된 자가 먼저 될 수 있음을 기억해야 한다. 우리는 늘 부름 받은 제자의 초심을 기억해야 한다. 십자가를 향해 가시는 길에서 예수님을 따른 시각장애인들처럼 우리의 일터에서 주님을 따르는 제자로 살아가야 한다.

'당신도 예수님의 제자로 살아가면서
생명의 위협까지 감수하며 하나님 나라를
실현하고 있는가?' 이것이 예수님의 제자가
가질 믿음이고 제자도의 우선순위이다.
우리의 일터에서 우리는 이런 각오를 가지고
일하는 제자로 살아가고 있는가?

말씀이 육신이 되어 우리 가운데 거하시매 우리가 그의 영광을 보니
아버지의 독생자의 영광이요 은혜와 진리가 충만하더라. 요 1:14

PART · 3

요한복음의
하나님 나라
: 빛, 진리,
영생, 사랑

C·H·A·P·T·E·R·08

세상의 빛을 믿고
빛으로 살아가라

"나는 세상의 빛이니 나를 따르는 자는 어둠에 다니지 아니하고
생명의 빛을 얻으리라."

"너희에게 아직 빛이 있을 동안에 빛을 믿으라. 그리하면 빛의 아
들이 되리라."

"나는 빛으로 세상에 왔나니 무릇 나를 믿는 자로 어둠에 거하지
않게 하려 함이로라."

모두 요한복음에 기록된 예수님의 말씀이다(요 8:12, 12:36, 46).
예수님은 자신을 빛이라고 하셨다. 세상에 빛으로 오셔서 어둠을 몰
아내셨다. 빛을 믿으라고 하셨다. 그러면 빛의 아들이 될 것이라고
하셨다. 믿음과 구원의 문맥에서 예수님은 빛을 소재로 많은 말씀을

하셨다고 요한복음은 기록한다.

"너희는 세상의 빛이라"고 하신 마태복음의 산상수훈 말씀이 물론 있다. 제자들과 따르는 사람들에게 예수님은 그들의 빛을 사람 앞에 비치게 하라고 말씀하셨다(마 5:14-15). 이 말씀 외에는 공관복음에서 제자들을 빛과 연관시킨 경우는 찾기 어렵다. 예수님이 세상에 오심을 묘사하며 마태와 누가가 각각 이사야서를 인용하면서 빛을 말하기는 한다. "흑암에 앉은 백성이 큰 빛을 보았고 사망의 땅과 그늘에 앉은 자들에게 빛이 비치었도다"(마 4:16). 시므온이 아기 예수님을 안고 이사야서를 인용해 "이는 만민 앞에 예비한 것이요 이방을 비추는 빛이요 주의 백성 이스라엘의 영광"(눅 2:31-32)이라고 노래한다. 가라지 비유에서 "그때에 의인들은 자기 아버지 나라에서 해와 같이 빛나리라"(마 13:43)는 말씀이 있다. 그 외에는 공관복음에서 의미 있게 '빛'을 표현하는 부분이 거의 없는 듯하다.

그런데 요한복음에는 '빛'이라는 단어가 스물네 번쯤 나온다. '하나님 나라'라는 표현이 공관복음에는 100번 이상 나오지만 요한복음에는 두 곳에만(5회) 나오는 것과 대조된다. 하나님 나라에 대해 직접 언급하지 않는 대신 요한복음은 '빛'이라는 단어를 공관복음보다 훨씬 자주 사용하고 있다. 요한복음에서 어떻게 '빛'으로 하나님 나라를 표현하는지 살펴보자.

세상의 빛을 믿으라
빛의 아들이 되리라

요한은 요한복음의 문을 열면서 곧바로 빛을 언급한다. 태초부터 성부 하나님과 함께 세상을 창조하신 '말씀'이신 하나님이 계셨다. "그 안에 생명이 있었으니 이 생명은 사람들의 빛이라. 빛이 어둠에 비치되 어둠이 깨닫지 못하더라"(요 1:4-5). 어둠의 세상에 빛이 오셨다. 그런데도 어둠은 빛을 잘 모른다. 또 이렇게도 표현한다. "참 빛 곧 세상에 와서 각 사람에게 비추는 빛이 있었다"(요 1:9). 그런데 자기 땅에 오셨는데 자기 백성이 영접하지 않았다. 이 빛을 영접하는 자에게는 하나님의 자녀가 되는 권세를 주셨다(요 1:10-12).

예수님을 믿지 않으면 심판을 받은 것인데 빛이 세상에 왔지만 사람들이 빛보다 어둠을 더 사랑한다. 이렇게 어둠을 사랑하여 악을 행하는 사람은 빛을 미워한다. 진리를 따르는 자는 빛으로 온다(요 3:19-21). 예수님을 알지 못하는 불신은 어둠 속에 머문다고 요한은 표현한다. 믿음은 빛으로 온다. 하나님의 새 창조의 빛으로 나온다는 뜻이다. 하나님이 세상을 창조하실 때 선포하셨다. "빛이 있으라!" 한 사람이 믿음을 가져 구원받으면 그 사람의 삶에 '빛이 있으라'는 선언과 같은 일이 생긴다. 이것이 새로운 창조이다.

이 믿음의 법칙을 요한은 8장과 9장, 12장에서 계속하여 설명한다. 예수님이 성전 헌금함 앞에서 말씀하셨다. "나는 세상의 빛이니 나를 따르는 자는 어둠에 다니지 아니하고 생명의 빛을 얻으리라"(요 8:12). 요한복음의 시작 부분(요 1:4)에 나오는 말씀을 예수님이 직접 언급하셨다. 한 시각장애인을 고쳐주면서 또 말씀하신다. "내가 세상에 있는 동안에는 세상의 빛이로라"(요 9:5). '세상의 빛'이라고 명확하게 자신을 가리켜 하신 말씀은 예수님이 세상에 오신 메시아라는 뜻이다. 이사야 선지자는 '이방의 빛'이 되어야 할 이스라엘에 대해 여러 차례 예언했다(사 42:6-7, 49:6, 60:1,3).

"내가 또 너를 이방의 빛으로 삼아 나의 구원을 베풀어서 땅끝까지 이르게 하리라"(사 49:6). 이스라엘에게 주신 이방의 빛이요 구원을 베풀어 땅끝까지 이르게 하는 이 사명을 위해 예수님이 세상에 오셨다. 이제 예수님은 십자가에 달리기 위해 예루살렘에 입성하셨다. 공관복음에는 기록되지 않은 요한복음만의 특별한 기록을 요한이 남겼다(요 12:20).

예수님은 한 알의 밀이 땅에 떨어져 죽어야 열매를 맺는다고 하시며 십자가 죽음의 의미를 말씀하셨다(요 12:24). 십자가를 생각하니 괴로워 이때를 면하게 해달라고 하나님께 말씀하셨다. 그러나 곧 이때를 위해서 왔다고 수긍하시며 하나님의 이름을 영광스럽게 해달라고 기도하시고 하늘에서 화답하는 하나님의 음성도 들었다(요 12:25-29).

이때 누군가 니고데모와 예수님이 하셨던 대화를 기억한 것일까?(요 3:14) 이렇게 질문한다. "너는 어찌하여 인자가 들려야 하리라 하느냐? 이 인자는 누구냐?"(요 12:34). 이때 예수님이 십자가 죽음과 부활로 이루실 구속사역에 대해 대답하시면서 빛을 언급하셨다(요 12:35-36).

"아직 잠시 동안 빛이 너희 중에 있으니 빛이 있을 동안에 다녀 어둠에 붙잡히지 않게 하라. 어둠에 다니는 자는 그 가는 곳을 알지 못하느니라. 너희에게 아직 빛이 있을 동안에 빛을 믿으라. 그리하면 빛의 아들이 되리라."

예수님이 말씀하신다. "빛을 믿으라. 그리하면 빛의 아들이 되리라." 하나님 나라에 들어가기 위한 구원, 십자가 구속을 믿는 믿음에 대해 빛을 믿으라고 말씀하셨다. 그런데 사람들이 믿지 않았다(요 12:37-43). 요한은 '이방의 빛'을 인용한 이사야서에서 유대인들의 불신을 인증했다. 그들은 사람의 영광을 하나님의 영광보다 더 사랑했다.

이제 예수님이 외치며 말씀하셨다. 종말의 심판에 대한 말씀이었다(요 12:44-50). "나는 빛으로 세상에 왔나니 무릇 나를 믿는 자로 어둠에 거하지 않게 하려 함이로라"(요 12:46). 요한이 복음서를 시작하면서 했던 바로 그 말씀을(요 1:4) 예수님이 다시 한번 직접 말씀하셨다. 예수님이 세상에 빛으로 오신 이유는 세상의 심판이 아니라 세상을 구원하려 하심이었다. 그런데 예수님을 저버리고 예수님이 이렇게 반복해서 간곡하게 하시는 말씀을 듣지 않으면 하나님이 마지막 날에 심판하신다. 이것이 십자가에 달리기 전 예수님이 무리를 향해서 하신 마지막 말씀이었는데 예수님은 하나님의 명령이 영생인 줄 알고 계신다고 말씀하셨다. 이 빛을 믿어야 영생을 얻을 수 있다. 요한복음의 하나님 나라가 이렇게 '빛'으로 표현되었다. 우리는 세상의 빛으로 오신 예수님을 영접하여 빛의 자녀가 되었다.

성전의 빛, 세상의 빛으로 오신 예수님 : 수전절

요한복음 10장에 보면 예수님이 수전절에 성전 안 솔로몬 행각에서 거닐며 유대인들과 대화하시는 장면이 나온다. 수전절은 성전을 수리하여 회복하고 복원해서 하나님께 다시 봉헌한 일을 기념하는 절기이다. 표준새번역은 '성전봉헌절'이라고 번역했다. 이 수전절의 유래에 대해서는 역사적 이해가 필요하다.

주전 334년, 알렉산더 대왕이 당시 세계 최대의 강대국 페르시아를 정복한 이후 시리아, 팔레스타인, 이집트를 정복한 후 동쪽으로 계속 진군하여 인도의 갠지스강에 이르는 세계 최대의 제국을 건설했다. 그 과정에서 알렉산더는 세계를 하나의 정신으로 통일하려고 점령한 곳마다 헬라풍의 도시(Polis)를 세워 민주의회제도를 실시하고 극장, 목욕탕, 원형 경기장, 체육관 같은 그리스문화를 보급했다. 알렉산더의 원대한 꿈은 그의 나이 33세 때의 갑작스러운 죽음으로 끝나는 듯했지만 헬레니즘은 계속 퍼져나갔다.

알렉산더 대왕이 죽은 후 제국은 넷으로 나뉘어 이스라엘은 북쪽의 셀류시드 왕국과 남쪽의 톨레미 왕국 사이에 놓였다. 처음 100년간 이스라엘은 이집트에 중심을 둔 톨레미 왕국의 지배하에 있었다. 그런데 자신을 신격화한 셀류시드 왕국의 안티오커스 4세가 이스라엘을 침입해 성전의 보물을 약탈하고는 제사와 안식일과 할례를 금했다. 그리고 성전 제단에 돼지를 죽여서 그 피를 뿌렸고 지성소에 제우스신의 동상을 세워 유대인들이 절하게 했다.

그런데 그냥 그렇게 주저앉을 유대인들이 아니었다. 안티오커스의 군인들이 모디인 마을 사람들을 제우스신에게 절하도록 강요했는데 제사장 가문에 속한 마따디아가 거부했다. 그는 제우스신에게 절한 유대인들과 군인들까지 죽인 후 산속으로 달아났다. 마따디아에게는 다섯 명의 아들이 있었는데 셋째 아들인 유다 마카비(Judah Maccabee)가 특히 용맹스러워 그를 중심으로 항쟁했다.

3년의 마카비전쟁 끝에 유대인들은 성전을 탈환했다. 하지만 성전의 처참한 모습에 유다 마카비와 병사들은 옷을 찢고 주저앉아 통곡했다. 이때가 유대력으로 주전 164년 기슬르월 25일이었다. 성전에서 제사와 절기 행사들을 제대로 드리지 못했던 기간이 3년이었다.

성전은 하나님이 거하시는 곳이다. 성전을 볼 때 유대인들은 하나님이 그들 가운데, 이스라엘 가운데 함께하시는 것을 알았다. 하나님이 임재하시는 상징이 성전이었다. 성전에서 나타내셨던 하나님이 이제 사람의 육체 가운데 자신을 나타내셨다. 요한이 빛으로 오신 예수님을 언급하고 나서 이렇게 말한다. "말씀이 육신이 되어 우리 가운데 거하시매 우리가 그의 영광을 보니 아버지의 독생자의 영광이요 은혜와 진리가 충만하더라"(요 1:14).

유대인들은 성전을 통해 하나님과 교제할 수 있었다. 그러나 이제는 예수님을 통해 직접 하나님과 교제가 가능하게 되었다. 그런 의미에서 예수님은 자신의 육체를 성전과 동일시하셨다. "너희가 이 성전을 헐라. 내가 사흘 동안에 일으키리라"(요 2:19). 이 말씀대로 예수님은 십자가에서 죽었지만 사흘 만에 부활하셨다. 요한이 요한계시록에서 천국의 모습을 이렇게 묘사한다. "성 안에서 내가 성전을 보지 못하였으니 이는 주 하나님 곧 전능하신 이와 및 어린 양이 그 성전이심이라"(계 21:22). 이렇게 예수님이 성전 그 자체이시다. 수전절이 예수님이 이 땅에 오신 목적과 자연스럽게 연관된다.

그런데 지금도 유대인들은 수전절을 지키면서 촛불을 켜놓는다. 그 유래가 있다. 유다 마카비가 성전을 탈환했을 때 성전의 불 밝히는 등대에 가보니 기름이 단 하루치만 남아있었다. 대제사장이 인증하는 기름을 율법의 규정에 맞게 써야 하기에 당장 준비하기가 힘든 상황이었는데 기적이 일어났다. 적은 양의 기름으로도 8일 동안 꺼

지지 않고 등대가 빛을 밝혔다. 이 이야기가 왜 지금도 수전절에 유대인들이 8일간 촛불을 밝히는지 설명해준다.

이런 역사를 가진 수전절과 연관하여 예수님이 여러 차례 빛에 관해 말씀하신 것을 요한복음이 기록하고 있다(요 8:12, 9:5, 11:9, 12:36,46). 유대인들이 수전절의 촛대에 촛불을 밝혀 놓으면서 200년 전에 있었던 성전 회복과 봉헌을 축하하고 있을 때 예수님이 자신을 빛으로 선포하셨다(요 8:12). 예수님이 세상에 빛으로 오셨다. 우리를 구원하기 위해 세상의 빛으로 오셨다. 그런데 어둠이 빛을 모른다. 빛으로 세상에 오신 예수님을 깨닫지 못했다. 그래서 예수님이 간곡하게 선언하신다. "너희에게 아직 빛이 있을 동안에 빛을 믿으라. 그리하면 빛의 아들이 되리라"(요 12:36). 세상의 빛으로 오신 예수님의 이 말씀을 우리가 꼭 기억해야 한다. 우리 모두가 빛의 아들이 되어야 한다. 우리에게 임한 하나님 나라의 은혜를 받아야 한다.

너희는 세상의 빛이라

빛으로 살아가라

사도 요한은 장차 임할 새 하늘과 새 땅을 묘사하면서 다시 밤이 없겠고 등불과 햇빛이 쓸데없다고 말한다. 하나님이 그들

에게 비치시기 때문이다(계 22:5). 종말의 심판에 대한 메시지에서 예수님도 이렇게 말씀하셨다. "그때에 의인들은 자기 아버지 나라에서 해와 같이 빛나리라"(마 13:43). 하나님이 해와 같이 빛나시고 하나님 나라에 간 의인들도 해와 같이 빛나게 된다. 이것은 바울의 말대로 우리가 장차 하늘에 속한 이의 형상을 입을 것이기 때문에 가능하다(고전 15:49).

또한 장차 임할 하나님 나라뿐만 아니라 지금 이곳 하나님 나라에서도 우리는 빛나야 한다. 요한일서에서 요한이 말한다. "하나님은 빛이시라.… 그가 빛 가운데 계신 것같이 우리도 빛 가운데 행하면 우리가 서로 사귐이 있고 그 아들 예수의 피가 우리를 모든 죄에서 깨끗하게 하실 것이요"(요일 1:5,7). 빛이신 하나님을 믿어 구원받고 하나님 나라 시민이 된 우리는 당연히 빛 가운데 행해야 한다. 빛 가운데 사는 사람은 형제를 사랑하는 새 계명을 실천한다고 요한은 말한다. "그의 형제를 사랑하는 자는 빛 가운데 거하여 자기 속에 거리낌이 없으나 그의 형제를 미워하는 자는 어둠에 있고 또 어둠에 행하며 갈 곳을 알지 못하나니 이는 그 어둠이 그의 눈을 멀게 하였음이라"(요일 2:10-11). 형제를 사랑하는 사람이 하나님 나라 시민이다.

예수님은 세상의 빛으로 살아갈 우리의 사명에 대해서도 산상수훈에서 명확하게 말씀하셨다. 세상의 빛으로 오신 예수님이 산 위에서 이렇게 말씀하셨다 "너희는 세상의 빛이라. 산 위에 있는 동네가 숨겨지지 못할 것이요… 이같이 너희 빛이 사람 앞에 비치게 하여 그들로 너희 착한 행실을 보고 하늘에 계신 너희 아버지께 영광을 돌리게 하라"(마 5:14,16).

어떻게 하면 하나님께 영광 돌리며 예수님이 이 땅에 와서 이루신 사명(요 17:4)을 우리도 이룰 수 있는가? 우리가 사람들에게 착한 행실을 보여주면 된다. 이것이 바로 세상에서 빛으로 사는 삶이다. 구체적으로 바울이 에베소서에서 가르쳐준다. "너희가 전에는 어둠이더니 이제는 주 안에서 빛이라. 빛의 자녀들처럼 행하라." 어떻게 빛의 자녀들처럼 행할 수 있는가? 예수님은 '착한 행실'이라고 하셨는데 바울은 빛의 열매는 "모든 착함과 의로움과 진실함"이라고 말한다(엡 5:8-9). 예수님을 기쁘시게 할 것이 무엇인지 시험해보라고 한다. 우리가 일터에서도 빛의 자녀라면 어둠의 일에 참여하지 말고 책망할 수 있어야 한다. 지혜와 용기를 발휘해 불의를 거부할 수 있어야 한다. 우리가 일터에서 착한 행실을 보이며 빛의 자녀로 살아가면 모든 불의와 책망받을 만한 일은 빛이신 예수님으로 인해 다 드러날 것이라고 바울은 힘주어 강조한다(엡 5:10-14).

이런 빛의 삶을 실천하기 위해 소설의 한 대목을 떠올려본다. 찰스 디킨스의 소설 「크리스마스 캐럴」이다. 18세기 중엽부터 시작된 산업혁명의 부작용도 심각해지고 도시로 몰려든 사람들이 성탄절을 제대로 기억 못할 정도로 당시에 영국의 사회상이 피폐해져 있었다. 그래서 참된 성탄절의 의미가 무엇인지, 찰스 디킨스가 1843년에 발표한 이 소설에서 묘사한다.

구두쇠 스크루지는 동업자 말리가 죽은 후 혼자 상점을 운영하는데 성탄 전야에 말리의 유령이 나타난다. 이후 과거, 현재, 미래의 크리스마스 유령이 차례대로 찾아와 스크루지를 데리고 여행을 떠난다. 과거에 순수했던 스크루지의 젊은 날이 있었고 현재의 유령은 세상 곳곳에서 사람들이 행복하게 크리스마스를 보내는 모습을 보여준다. 미래의 유령은 스크루지가 죽은 후 아무도 슬퍼하지 않는 비참한 모습을 보여준다.

크리스마스 아침에 잠을 깬 스크루지가 크게 참회한다. 이 소설의 핵심은 이런 변화된 삶을 보여준다. 성탄절의 참된 의미는 바로 변화된 삶이다. 빛을 봤으니 이제 빛으로 살아야 한다. 스크루지는 사무실 서기인 밥의 집으로 정육점에서 제일 큰 칠면조를 선물로 보낸다. 전날 박대한 자선 사업가를 길에서 만나 큰돈을 기부하겠다고 약속한다. 그리고 조카의 집에 가서 즐거운 크리스마스를 보낸다. 다음 날 출근했는데 서기 밥이 지각했다. 다시는 지각하지 않겠다고 용서를 구하는 밥에게 스크루지가 말한다. "그래, 여보게. 내가 할 말이 있네. 난 더 이상 참을 수가 없어. 그래서 말인데, 자네 월급을 올려주려고 하네." 이렇게 빛의 자녀로 변화된 사람이 일터에 하나님 나라가 임하게 한다.

예수님이 어두운 세상에 빛으로 오셨다. 성전의 빛이고 세상의 빛으로 오셨다. 본래 하나님이 빛이시다. 요한복음은 빛이신 예수님이 어둠을 물리치고 사람들을 구원하신 일을 하나님 나라로 표현하고 있다. 예수님을 믿어 빛의 자녀가 되어야 하나님 나라에 들어갈 수 있다. 빛이신 예수님은 우리에게 세상의 빛으로 살아가라고 하면서 약속해주신다. 어떤 슬픔과 괴로움과 어려움이 있어도 여호와 하나님이 영원한 빛이 되어주신다. 우리는 예수님의 이 약속을 의지하고 오늘도 세상과 우리의 일터에서 어둠을 몰아내는 빛으로 살아가야 한다.

진리인 **하나님 나라**
말씀에 찔리다

　　한 어르신이 느지막한 연세에 교회 출석을 시작했는데 어느 예배 때 목사님이 "주님의 말씀은 진리입니다"라는 제목으로 설교했다. 그러자 졸음이 오던 이 어르신이 '그렇지! 주님의 말씀은 질립니다. 좀 질리긴 질리지!'라고 속으로 맞장구를 쳤다. 시간이 흘러서 말씀을 여러 차례 듣던 이 어르신에게 들린 주님의 말씀이 어느 순간 마음을 찔렀다. '주님의 말씀은 찔립니다'가 되었다. 예수님을 구원주로 믿게 되었다. 이렇게 말씀이 질리다가 말씀에 찔려 구원받게 되는 일은 어떻게 가능할까? 바로 하나님의 말씀이 진리이기 때문이다.

　　'하나님 나라'라는 표현에 인색한 요한복음에는 '진리'라는 단어가 많이 나온다. 공관복음에서는 각각 단 한 곳만 기록한다. 바리새인들이 예수님을 책잡으려고 가이사에게 세금을 바치는 문제를 질문할 때 예수님께 인사치레로 하는 말 속에 나온다. "참되시고 진리로 하나님의 도를 가르치신다"(마 22:16)고 할 때 한 번 나온다(막 12:14, 눅 20:21 참조). 공관복음서에는 예수님이 설교하며 '진리'를 말씀하셨다는 기록도 없다.

그런데 요한복음에는 '진리'라는 단어가 열아홉 절에 나오고 단어 수로는 스물네 번 나온다. 다른 복음서들은 단 한 차례만 기록한 단어를 요한이 스물네 번이나 반복하는 것은 틀림없이 의도적이다. 요한이 기록한 '진리'라는 표현 속에 과연 하나님 나라에 대한 어떤 강조가 담겨 있는지 확인해보자.

진리가 죄로부터
너희를 자유롭게 하리라

문맥보다 독립적으로 더 자주 인용되는 요한복음 8장 32절 말씀은 요한복음에서 말하는 진리에 대한 핵심적 의미를 밝혀 준다. "진리를 알지니 진리가 너희를 자유롭게 하리라." 예수님은 자신을 믿은 유대인들에게 이렇게 말씀하셨다. "너희가 내 말에 거하면 참으로 내 제자가 되고"(요 8:31). 그리고 어떻게 진리를 알게 되는지 알려주신다. 예수님의 말씀에 거하면 예수님의 제자가 되고 진리를 알게 된다. 예수님의 말씀에 거하는 것은 포도나무에 가지가 붙어 있어야 열매를 맺을 수 있다는 요한복음 15장의 말씀을 통해 알 수 있다(요 15:1-8). 예수님이 하신 말씀을 믿고 순종하는 삶을 살아야 예수님의 제자가 되고 진리를 알게 된다.

그러면 요한복음에서 말하는 이 진리는 무엇인가? 요한복음에 따르면 "아버지의 말씀은 진리"(요 17:17)이다. 예수님이 대제사장의 기도에서 하신 말씀이다. 요한이 예수님을 묘사하면서 "아버지의 독생자의 영광이요 은혜와 진리가 충만"하다고 했다(요 1:14). "은혜와 진리는 예수 그리스도로 말미암아 온 것"이다(요 1:17). 또한 "진리를 따르는 자는 빛으로" 온다고 한다(요 3:21). 여기서 진리는 바로 예수님을 가리킨다. "(세례) 요한이 진리에 대하여 증언"했다고 할 때의(요 5:33) 진리도 예수님을 가리킨다.

그리고 예수님 자신이 직접 말씀하셨다. "내가 곧 길이요 진리요 생명"(요 14:6)이라고 하셨다. 하나님 아버지께 가기 위해서는 예수님을 통해서만 갈 수 있다는 말씀이다. '길'은 십자가 구속사건의 방식을 말한다고 이해한다면, '진리'는 거짓과 죄악으로부터 자유로워지는 십자가사건의 실체를 보여준다. '생명'은 십자가를 통한 구원의 근본적 원인이면서 또한 결과를 보여준다. 이렇게 예수님은 진리를 하나님 나라에 이르는 십자가 구속의 한 이미지로 설명하셨다.

아울러 사도 요한은 성령님을 '진리의 영' '진리의 성령'(요 14:17, 15:26, 16:13)이라고 부른다(요일 4:6, 5:6, 요이 1:2 참조). 예수님의 말씀 안에 거하여 제자가 되면 알게 되는 진리는 무엇인가? 진리는 하나님의 말씀이기도 하고 예수님과 성령님을 말하기도 한다.

따라서 '진리'는 바로 복음을 의미한다(갈 2:14 참조). 예수님의 십자가 죽음과 부활을 통한 세상의 구원을 표현해준다. 이 진리가 우리를 자유롭게 한다. 자유롭게 한다면 그럼 뭔가에 속박되고 구속되어서 자유를 누리지 못한다는 뜻인가? 그래서 이 말씀을 들은 유대인들이 바로 질문했다. "우리가 아브라함의 자손이라. 남의 종이 된 적이 없거늘 어찌하여 우리가 자유롭게 되리라 하느냐?"(요 8:33).

예수님이 진리가 필요한 그들에게 정답을 말씀해주신다. "죄를 범하는 자마다 죄의 종이라"(요 8:34). 유대인들은 의도적으로 감추었지만, 애굽인들에게 압제받고 로마인들에게 압제받은 속박으로부터, 그 거짓되고 죄악된 세력으로부터 예수님이 자유롭게 해준다고 하시지 않았다. '진리'가 요한복음에서 하나님 나라를 표현하는 또다른 개념이라는 증거가 여기에 있다. 진리가 자유롭게 한다는 것은 바로 인간이 죄의 속박으로부터 자유로워짐을 말한다. 로마가 아니라 거짓의 아비인 마귀의 나라, 진리가 그 속에 없고 진리에 서지 못하고 거짓말만 하는 사탄과 맞서서(요 8:44) 자유롭게 해주신다. 예수님이 니고데모와 대화하며 말씀하셨던 "거듭나지 아니하면 하나님 나라를 볼 수 없는" 근본적인 해방을 말한다(요 3:3). "물과 성령으로 나지 아니하면 하나님 나라에 들어갈 수 없는" 하나님 나라 문맥 안의 바로 그 종말론적 구원을 말한다(요 3:5).

십자가를 통해 이루어지는 이 하나님 나라의 영적 자유와 해방과 구원에 대해 유대인들은 믿지 않았다. 예수님이 한탄하신다. "내가 진리를 말하므로 너희가 나를 믿지 아니하는도다"(요 8:45). "너희 중에 누가 나를 죄로 책잡겠느냐. 내가 진리를 말하는데도 어찌하여 나를 믿지 아니하느냐"(요 8:46). "하나님께 속한 자는 하나님의 말씀을 듣나니 너희가 듣지 아니함은 하나님께 속하지 아니하였음이로다"(요 8:47). 그런데 유대인 외에 또 한 사람, 이 진리에 대해 관심은 있었는데 결국 믿지 않은 사람이 있다. 바로 빌라도 총독이다.

내 나라, 나의 진리에
대해 증언하노라

십자가사건을 코앞에 두고 예수님이 빌라도 총독에게 심문받으실 때 다시 한번 '하나님 나라'와 '진리'가 연관된 교훈을 발견할 수 있다. 빌라도는 심문받는 예수님에게 질문을 많이 했다. 평상시의 심문이 늘 그렇지는 않았을 듯하다. 첫 번째 중요한 질문은 "네가 유대인의 왕이냐?"(요 18:33)라는 질문이다. 여기서 예수님이 '내 나라'를 말씀하신다. "내 나라는 이 세상에 속한 것이 아니니라. 만일 내 나라가 이 세상에 속한 것이었더라면 내 종들이 싸워 나로 유대인들에게 넘겨지지 않게 하였으리라. 이제 내 나라는 여기에 속한 것이 아니니라"(요 18:36). 내 나라는 여기에 속한 것이 아니라는 말씀 때문에 예수님을 이 땅에서는 전혀 통치하지 않고 장차 임할 하나님 나라에서만 통치하신다고 보면 안 된다.

빌라도가 다시 질문했다. "그러면 네가 왕이 아니냐?" 이 질문에 예수님은 하나님 나라를 '진리'라는 개념으로 설명하셨다. "네 말과 같이 내가 왕이니라. 내가 이를 위하여 태어났으며 이를 위하여 세상에 왔나니 곧 진리에 대하여 증언하려 함이로라. 무릇 진리에 속한 자는 내 음성을 듣느니라"(요 18:37).

이 부분이 하나님 나라와 진리에 대해 예수님의 말씀에서 들을 수 있는 중요한 교훈이다. 하나님 나라의 왕이신 예수님이 세상에 오신 이유가 두 가지이다. 진리와 관련되어 있다. 첫째, 예수님은 진리에 대해 증언하기 위해 오셨다. 예수님은 왕으로서 진리를 내걸고 세상을 통치하신다. 예수님은 '진리의 왕'이시다. 예수님은 세상의 왕으로 주권적 통치를 하시는데 '진리'가 그 사실을 입증해준다.

둘째, 진리에 속한 자는 예수님의 음성을 듣는다. 진리에 대해 증언하시는 예수님의 음성을 진리에 속한 자는 알아듣는다. 이것은 예수님이 진리의 왕의 사명을 수행하는 결과를 말한다. 예수님의 통치를 받는 사람들은 예수님의 말씀에 순종한다.

'내 나라', 즉 '하나님 나라'와 '진리'에 대한 예수님의 대답을 듣고 빌라도가 다시 질문한다. "진리가 무엇이냐?"(요 18:38) 이 말을 하고 유대인들이 있는 곳으로 나가 예수에게서 죄를 찾지 못했다고 빌라도가 말한다. 그래서 이 진리가 뭔지 질문하는 빌라도의 질문이 호의적이었다고 생각할 수도 있다. 그런데 이 빌라도의 질문은 일종의 비웃음이고 예수님을 책망하는 의도로 읽을 수 있다. '그래 네 나라, 진리로 세운다는 그 나라가 도대체 무엇이 참되단 말인가?' 빌라도가 이렇게 생각을 이어갔을 수도 있다. '내 진리는 칼이다! 나는 너를 십자가에 보내 처형할 수도 있어! 그럴 힘이 있다. 힘이 진리고 칼이 언제나 옳다니까. 그러니 너도 내게 복종해!'

빌라도는 예수님에게 두 가지 중요한 질문을 던지며 하나님 나라가 진리와 연관되어 있고 이것이 예수님이 세상에 오신 목적과 연관된 일이라는 점을 밝혀주었다. 물론 빌라도 자신은 많은 유대인과 같이 예수님을 믿지 않았다. 그는 예수님을 십자가에 못 박도록 유대교 당국자들에게 넘겨주었다(요 19:16).

진리인 말씀에 찔려
자유를 얻다

유대인들이나 빌라도는 진리인 예수님의 말씀을 듣고도 믿지 않았지만 이 진리는 종종 사람들의 마음을 찔렀다. 기독교 정신을 바탕으로 올곧게 독립운동에 매진했던 이상재 선생이 바로 그런 사람이었다. 이상재 선생은 1850년에 충남 한산의 몰락한 양

반 가문에서 태어났고 과거 시험도 쳤지만 실패했고 친척의 소개로 개화파 박정양을 만나면서 삶의 전환기를 맞이했다. 주미 공사로 임명된 박정양을 따라 미국에 갔다가 찬란한 미국의 문물을 보았다. 민족의 부국강병을 바라던 이상재의 마음에 감동이 있었다.

기독교인이었던 청국 공사관 관리가 서구 문명의 기본 정신이 기독교라고 알려주어 한문 신약성경을 읽었으나 강병책이나 군함 제조 방법과 같은 것은 찾아볼 수 없었다. 대신 보리떡 다섯 개와 물고기 두 마리로 5천 명을 먹인 사건, 죽은 사람이 살아난 사건, 물 위로 사람이 걷는 이야기 등 허무맹랑한 이야기뿐이었다. 몇 번을 던졌다 다시 읽기를 반복했지만 성경은 사사로운 학문이고 요술 같은 허풍이라는 생각을 굳혔다.

이상재는 귀국 후 8년 동안 여러 관직을 맡으면서 성경을 잊어버리고 살았다. 1896년, 서재필이 독립협회를 창설하자 이상재 선생은 독립협회에 적극적으로 참여한다. 한편 서재필이 기독교인이었기에 독립협회의 성격이 기독교적으로 흐를 가능성이 높아지자 이상재는 독립협회의 기독교화를 막았다. 성경이 질린다고 생각했던 것이다.

그러다가 독립협회가 해산된 후 친러파가 정권을 장악하고 개화파 인사들을 체포하기 시작한다. 이상재도 한성감옥에 투옥되었다. 감옥 안에는 개화파 인사들로 가득 찼다고 한다. 이 무렵 한성감옥 안에서 도서실이 개설되었는데 이상재도 열심히 성경책을 읽었다.

그런데 왜 이상재가 그토록 싫어했던 성경을 다시 읽었을까? 그것은 그가 옥중에서 체험한 이상한 사건 때문이었다. 이상재가 나중에 '위대한 왕의 사자'가 감옥에 있는 자신에게 나타나 이렇게 말했다고 증언한다.

"나는 몇 년 전 그대가 워싱턴에 갔을 때 성경을 주어 믿을 수 있는 기회를 주었지만 그대는 이를 거절하였다. 이것이 첫 번째 죄이다. 또 나는 그대가 독립협회에 있을 때에도 기회를 주었지만 그대는 반항하였을 뿐만 아니라 다른 사람이 믿는 것까지도 방해를 하였다. 이런 식으로 그대는 민족이 앞으로 나아갈 길을 막았으니 이것이 더욱 큰 죄이다. 나는 그대의 생명을 구원하기 위하여 감옥에 두었는데 이것은 내가 그대에게 신앙을 갖게 하는 새로운 기회를 준 것이다. 만일 그대가 지금도 회개하지 않는다면 그 죄는 이전보다 더욱 큰 것이 될 것이다."

이것은 이상재의 회개를 촉구하는 하나님의 무서운 음성이었다. 이 일이 있은 후, 이상재는 기독교인이 된다. 하나님의 말씀이 이상재 선생의 마음과 생각 속에 이렇게 강하게 역사했다. 그 말씀에 찔렸던 것이다. 이상재 선생의 54세 때의 일이다. 감옥에서 이상재 선생은 신약 요한복음을 서른 번 정도 읽었다고 한다. 특히 요한복음 8장 32절의 말씀, "진리를 알지니 진리가 너희를 자유롭게 하리라"에 감명받았다. 또한 요한복음 17장 21절, "아버지여, 아버지께서 내 안에, 내가 아버지 안에 있는 것같이 그들도 다 하나가 되어 우리 안에 있게 하사 세상으로 아버지께서 나를 보내신 것을 믿게 하옵소서"라는 구절에 깊은 감명을 받았다. 주의 말씀이 진리인 것을 이상재 선생은 감옥 안에서 확신했다.

1904년 3월에 이상재, 홍재기, 김정식, 이원긍, 유성준, 안국선 같은 지도자들은 감옥에서 석방된 후에 게일 선교사가 목회하던 연동교회에서 입교한다. 그리고 6년간이나 옥살이하던 이승만과 신흥우는 8월에 출옥한 후 감리교회에 입교한다. 이들의 회심으로 교회가 민족과 사회를 향한 책임과 사명을 다하는 중요한 역할이 시작된다. 진리가 그것을 가능하게 했다. 주의 말씀은 질리지만 그 말씀에 결국 찔린다. 주의 말씀은 진리이기 때문이다.

서울대학교의 모토는 "베리타스 룩스 메아"(veritas lux mea)로 "진리는 나의 빛"이라는 뜻이다. 연세대학교의 슬로건은 "진리가 너희를 자유케 하리라"이다. 진리에 대한 사랑이라는 학문의 정신을 말하겠지만, 요한복음에서 말하는 진리는 하나님 나라 이미지를 잘 반영하고 있다. 진리는 인간의 근원적인 어둠, 죄로부터 벗어나 진정한 자유를 얻게 해준다. 예수 그리스도, 그분의 십자가 죽음과 부활이라는 이 진리만이 죄로부터 자유를 얻게 해준다. 진리는 하나님 나라의 왕이신 예수 그리스도의 통치 원리이기도 하다. 구원받아 진리에 속한 자는 예수님의 통치를 받는다.

그런데 유대인이나 유대를 다스리던 로마 총독 빌라도는 진리이신 예수님을 믿지 않았다. 심문받으면서 예수님이 하나님 나라와 진리의 관계를 상세하게 설명해주셨지만 결국 빌라도는 믿음의 길에 들어서지 못했다. 우리는 믿어야 한다. 진리의 말씀이 질린다고 포기하지 말고 진리의 말씀에 찔려야 하나님 나라에 들어갈 수 있다. 하나님의 말씀이고 예수 그리스도 자신이시고 십자가 죽음과 부활의 복음인 진리를 믿어야 하나님 나라의 백성으로 진리 가운데 살아갈 수 있다.

C·H·A·P·T·E·R·10

영생에 이르게 하는
양식을 위해 일하라

마태, 마가, 누가가 각각 쓴 복음서에는 '하나님 나라'(마태는 '천국')라는 표현이 자주 나온다. 마태복음과 누가복음은 분량이 많으니 49구절과 37구절쯤 나오고, 마가복음에는 16구절 정도 등장한다. 사도행전부터 요한계시록까지 27구절에 나오니 복음서가 압도적으로 자주 '하나님 나라'를 말하고 있다.

그런데 요한복음은 공관복음과 같이 예수님의 생애를 다룬 복음서인데 단 두 곳에서만 '하나님 나라'를 언급한다. 예수님이 니고데모와 대화하시며 말씀하신다. "사람이 거듭나지 아니하면 하나님 나라를 볼 수 없느니라"(요 3:3). "사람이 물과 성령으로 나지 아니하면 하나님 나라에 들어갈 수 없느니라"(요 3:5). 또 한 곳은 십자가 형벌을 앞두고 빌라도에게 심문받으실 때 예수님이 말씀하신다. "내 나라는 이 세상에 속한 것이 아니니라. 만일 내 나라가 이 세상에 속한 것이었더라면 내 종들이 싸워 나로 유대인들에게 넘겨지지 않게 하였으리라. 이제 내 나라는 여기에 속한 것이 아니니라"(요 18:36). 이렇게 세 차례 예수님이 '하나님 나라'가 아니라 '내 나라'라고 말씀하신다.

"때가 찼고 하나님 나라가 가까이 왔으니 회개하고 복음을 믿으라"(막 1:15). 마가가 전하는 예수님의 복음 전파의 시작 메시지를 보더라도 하나님 나라는 매우 중요한 개념이다. 요한이 이 표현을 의도적으로 빼고 자신의 복음서를 기록한 이유는 무엇일까? 요한에게 틀림없이 의도가 있었다고 볼 수 있다. 공관복음이 기록된 연대는 주후 6, 70년경으로 본다. 그런데 요한복음은 주후 90년 이후에 기록되어 공관복음서와는 이삼십 년의 간격이 있는 것으로 본다. 이미 공관복음서의 내용을 익히 알고 있던 사도 요한이 '하나님 나라'가 중요하게 반복되는 개념이라는 점을 몰랐을 리 없다. 그러면 어떤 의도로 요한은 이 표현을 자신의 복음서에서 배제하다시피 누락시켰을까?

마태복음 16장 28절에 단서가 있다고 볼 수 있다. "진실로 너희에게 이르노니 여기 서 있는 사람 중에 죽기 전에 인자가 그 왕권을 가지고 오는 것을 볼 자들도 있느니라." 베드로가 예수님을 그리스도로 고백하고 예수님의 죽음과 부활에 대해 알리신 후에 예수님이 하신 말씀이다. 마가(막 9:1)와 누가(눅 9:27)도 동일한 말씀을 기록하고 있다. 하나님 나라가 구체적이고 명백하게 임할 것이라는 말씀이었다. 공관복음이 기록될 시기에는 예수님의 말씀을 직접 들은 사람들이 꽤 살아있었겠으나 요한복음의 기록 시기에는 거의 세상을 떠났을 듯하다.

따라서 하나님 나라 임재에 대한 예수님의 말씀 해석을 요한이 새롭게 하는 것이라고 볼 수 있다. 예수님의 말씀은 하나님 나라가 도래하는 긴급성을 강조하신 말씀이라고 요한은 이해했다. 이제 요한은 하나님 나라의 본질을 살리고 영적으로 해석하여 표현할 필요를 느꼈다. 요한은 하나님 나라를 어떻게 표현할까? 앞에서 살펴본 '빛'과 '진리', 그리고 여기서 살펴볼 '영생'이다. 다음 장에서 살펴볼 '사랑'도 요한이 하나님 나라를 공관복음과 비교해 다르게 표현하는 개념이다. 이제 우리가 요한이 '영생'이라고 표현하는 하나님 나라에 대해 요한복음 3장부터 몇 장을 살펴보려고 한다.

인생의 고민, 예수님을 믿어
영생을 얻으라

예수님이 바리새인이고 산헤드린 공회원으로 이스라엘의 지도자였던 니고데모와 대화하신 일이 요한복음 3장에 기록되어 있다. 이 말씀의 내용과 장면을 보면 "선한 선생님이여, 내가 무엇을 하여야 영생을 얻으리이까?"(눅 18:18)라고 질문하며 예수님을 찾아온 부자 관리가 연상된다. 예수님을 찾아왔던 부자 관리의 관심사는 '영생'이었다. 니고데모는 특별한 질문을 했는지 확인할 수 없지만 예수님이 그에게 "사람이 거듭나지 아니하면 하나님의 나라를 볼 수 없느니라"(요3:3), "사람이 물과 성령으로 나지 아니하면 하나님의 나라에 들어갈 수 없느니라"(요 3:5)고 말씀하셨다. 이것은 마치 부자 관리의 질문에 대한 대답으로 예수님이 "하나님 나라에 들어가는 것"에 대해 가르쳐주신 것과 비슷하다(눅 18:25). 니고데모가 예수님을 찾아와 대화한 장면을 기록하는 요한은 공관복음서에서 영생에 관심 가진 부자 관리에 대한 자신의 요한 판 비교 인물을 보여주고 있다.

부자 관리에게 예수님이 말씀하셨던 것과 같이 니고데모의 영생에 대한 관심을 예수님은 하나님 나라에 들어가는 것으로 언급하셨다. 어떻게 하면 하나님 나라에 들어가서 영생을 얻을 수 있는지 예수님은 니고데모에게 설명하셨다. 예수님은 모세가 광야에서 들었던 뱀을 언급하신다. 불순종한 백성들이 불뱀에 물려 죽어갈 때 놋으로 만들어 장대에 매달아 높이 들려진 뱀을 보면 구원받았다. "모세가 광야에서 뱀을 든 것같이 인자도 들려야 하리니 이는 그를 믿는 자마다 영생을 얻게 하려 하심이니라"(요 3:14-15). 이렇게 인자가 들리는 것은 바로 예수님의 십자가 고통과 죽음을 의미한다. 공관복음에 나오는 부자 관리의 질문 후에 예수님이 십자가 죽음과 부활을 말씀하시듯이(마 20:17-19, 막 10:32-34, 눅 18:31-34) 요한도 예수님을 믿어야 영생을 얻는데 그것이 바로 하나님 나라에 들어가는 길이라고 강조한다.

하나님이 세상을 사랑하여 독생자를 보내셨고 그를 믿는 자마다 영생을 얻게 하셨다. 하나님이 아들을 세상에 보내신 이유가 바로 이 십자가를 통해 세상을 구원하기 위함이었다(요 3:16-17). 그런데 세상은 이렇게 하나님이 사랑하여 세상 사람들에게 영생을 주시려는 의도를 잘 알지 못한다. 빛이 세상에 왔는데 사람들은 빛보다 어둠을 더 사랑한다. 그러나 진리를 따르는 자는 결국 구원받는다(요 3:18-21). 이미 살펴본 대로 '빛'과 '진리'도 영생과 함께 요한이 그의 복음서 전체에서 하나님 나라를 설명하는 중요한 개념들이다.

사도 요한은 공관복음이 전혀 다루지 않은, 예수님과 니고데모의 대화를 통해 하나님 나라 개념을 설명하기 시작하면서 이렇게 자신의 말로 정리한다. "아들을 믿는 자에게는 영생이 있고 아들에게 순종하지 아니하는 자는 영생을 보지 못하고 도리어 하나님의 진노가 그 위에 머물러 있느니라"(요 3:36).

인생에서 어떻게 구원을 얻을 수 있는지, 어떻게 영원한 생명을 얻을 수 있는지 고민하는가? 예수님에게 해답이 있다. 예수님을 믿으면 영생을 얻을 수 있다. 예수님께로 오라. 니고데모처럼 밤중에 찾아와도 좋다. 예수님이 십자가를 통한 구원의 은혜를 말씀하시며 영생 얻는 방법을 알려주실 것이다. 그러면 하나님 나라에 들어갈 수 있다.

인생의 갈증, 영생하도록
솟아나는 샘물을 마시라

예수님이 유대에서 갈릴리로 가실 때 일반적인 관행을 깨고 사마리아 지방을 통과하면서 수가성에서 한 사마리아 여인을 만나셨다(요 4장). 여인은 동네의 다른 여인들을 피해 햇볕이 뜨거운 시간에 물을 길으러 왔다. 예수님과 대화하며 결국 들켰는데, 여섯 번째 남편과 살고 있는 여인이었고, 가정적인 문제로 어려움을 겪는 여인이었다. 물을 길으러 와서 "물을 좀 달라"는 예수님의 부탁을 받았지만 정작 인생의 갈증으로 고민하는 사람은 바로 이 여인이었다.

예수님이 여인의 인생 갈증을 알고 의도적으로 접근하셨다. 여인도 들었던 율법 말씀을 기억하면서 예수님의 말씀에 관심을 가진다. '생수'를 줄 수 있다는 예수님의 말씀에 여인은 조상 야곱의 우물을 기억한다. 그러자 예수님이 핵심을 말씀하신다(요 4:13-14). "이 물을 마시는 자마다 다시 목마르려니와 내가 주는 물을 마시는 자는 영원히 목마르지 아니하리니 내가 주는 물은 그 속에서 영생하도록 솟아나는 샘물이 되리라." 어떤 물을 약속하시는가? '영생하도록 솟아나는 샘물'을 주시겠다고 하신다. 인생의 근원적 갈증을 해결하는 '영생'을 예수님이 '샘물'로 비유하셨다.

이어서 남편을 데려오라는 예수님의 말씀과 여인의 솔직한 고백 후에 여인은 예배의 장소에 대한 기억을 떠올리고 예수님은 참된 예배에 관한 중요한 교훈을 알려주신다(요 4:24). "하나님은 영이시니 예배하는 자가 영과 진리로 예배할지니라." 그러자 여인은 "메시아 곧 그리스도라 하는 이"가 오실 줄을 안다는 놀라운 말을 한다(요 4:25). 그 메시아가 바로 자신이라는 예수님의 말씀에 여인은 물동이를 버려두고 가서 동네 사람들에게 와서 그리스도를 보라고 전도한다. 동네의 많은 사람이 여인의 전도를 통해 예수님을 믿었다. 예수님을 만나 대화하여 예수님이 구원주이심을 깨달은 사람이 이렇게 그날 당장 전도해서 많은 열매를 거두는 사례는 찾아보기가 쉽지 않다. 결국 수가성의 사람들은 예수님을 머물게 하여 이틀간 '부흥회'를 하여 그들이 얻은 구원을 간증했다. "우리가 친히 듣고 그가 참으로 세상의 구주신 줄 앎이라"(요 4:40-42).

어떤 다른 것으로도 해소하지 못할 인생의 갈증을 느끼고 있는가? 주님이 앉아계신 우물곁으로 오라. 영생하도록 솟아나는 샘물을 통해 구원받을 수 있다. 믿음을 통해 영생을 얻고 하나님 나라가 임하는 현장에 함께할 수 있다.

인생의 고통, 영생할 양식을
위하여 일하라

요한은 예수님이 부림절 명절에 예루살렘에 올라가 38년 된 병자를 고치신 이적을 기록한다(요 5장). 이어서 갈릴리 바다 건너편에서 적은 음식으로 오천 명의 사람들을 먹이신 이적을 기록한다(요 6장). 질병과 배고픔, 이것은 사람이 죽음의 공포를 느끼게 하고 죽음에 이르게 하는 인생의 치명적 고통이다. 이 두 가지 고통에 대해서 예수님은 사람들에게 문제 해결 의지가 있는지 확인하셨다. 38년 된 병자에게는 "네가 낫고자 하느냐?"(요 5:6)라고 물으셨다. 배고픈 무리로 인해 고민할 때 제자 빌립에게 예수님은 "우리가 어디서 떡을 사서 이 사람들을 먹이겠느냐?"(요 6:5)라고 물으셨다.

사람들의 의지를 확인하신 후 예수님은 인생의 고통을 해결해주셨다. "일어나 네 자리를 들고 걸어가라"(요 5:8). 한 아이의 작은 도시락을 가지고 축사하신 후 사람들이 원하는 대로 나눠주어 배부르게 하셨다(요 5:8-13). 인생의 근본적인 고통을 이렇게 예수님이 직접 해결해주셨다. 질병이 없고 배고픔이 없는 하나님 나라의 모습을 예수님이 직접 보여주셨다.

하나님 나라를 보여주신 예수님이 하나님 나라는 영생임을 다시금 반복하여 알려주셨다. 38년 된 병자를 고치신 일은 안식일 논쟁을 불러왔고 예수님은 "내 아버지께서 이제까지 일하시니 나도 일한다"(요 5:17)라는 말씀을 하시면서 하나님을 친 아버지라고 한다는 신성모독 논쟁까지 불러왔다. 하나님이 아들인 예수님에게 주신 권한으로 예수님은 믿는 사람들을 구원하기 원하셨다(요 5:34). 예수님의 말씀을 듣고 예수님을 보내신 하나님을 믿는 사람은 이미 영생을 얻었다. 심판에 이르지 않고 사망에서 생명으로 옮겼다(요 5:24). 예수님은 이렇게 귀한 영생을 주시는 예수님께 오기를 원하지 않는 사람들을 안타까워하셨다(요 5:40).

오병이어 이적을 베푸신 후에는 사람들이 경제문제를 해결하는 왕으로 삼으려는 의도를 보시고 피하셨다. 그래도 따라온 사람들에게는 이렇게 말씀하셨다. "썩을 양식을 위하여 일하지 말고 영생하도록 있는 양식을 위하여 하라"(요 6:27). 하나님의 일을 어떻게 할 수 있는지 질문을 받고 예수님은 "하나님께서 보내신 이를 믿는 것이 하나님의 일"(요 6:29)이라고 대답하셨다.

하나님이 보내신 아들을 보고 믿는 자가 영생한다. 예수님은 자신이 '생명의 떡' '하늘에서 내려온 살아 있는 떡'이라고 하셨다. 이 떡을 먹으면 영생하게 된다. 예수님이 주실 떡은 세상의 생명을 위한 예수님의 살이다. 바로 예수님의 십자가 죽음을 의미한다. 예수님이 이렇게 말씀하시자 유대인들이 이해하지 못하고 어찌 자기 살을 주겠느냐고 할 때 예수님은 보다 분명하게 말씀하셨다. 인자의 살을 먹고 피를 마시는 자는 영생을 가졌고 마지막 날에 그를 다시 살릴 것이다. 광야에서 만나를 먹었던 조상들과 달리 예수님을 통한 구원의 은혜를 받으면 영원히 살게 된다.

인생의 고통을 가지고 고민하는가? 하나님이 보내신 아들 예수님을 믿으면 인생의 고통을 해결할 수 있다. 예수님을 믿으면 영생을 얻는다. 이 말씀이 어렵다면서 예수님을 따르던 확대 제자 중 많은 사람이 떠나갔지만 열두 제자는 떠나지 않았다. 베드로가 말한다. "영생의 말씀이 주께 있사오니 우리가 누구에게로 가오리이까?"(요 6:68).

여러 가지 인생의 고통 속에서 허우적거리는가? 혼자 해결할 수 없어 난감한가? 예수님을 믿으면 고통을 해결할 수 있다. 예수님의 말씀처럼 영생하도록 있는 양식을 위해 일하라! 예수님을 믿는 것이 바로 하나님의 일이다. 그러면 영생을 얻을 수 있다.

이것이 바로 요한이 묘사하는 하나님 나라이다. 영생이 다른 어떤 것보다 중요한 하나님 나라의 화두였다. 어떻게 구원받을 수 있는지 찾으려는 인생의 고민, 가정문제로 어려움을 겪는 인생의 갈증, 심한 질병과 배고픔이라는 인간의 근원적 고통을 어떻게 해결할 수 있는가? 예수님을 믿으면 모든 문제가 해결된다. 믿는 자마다 영생을 주신다. 수가성의 사마리아 여인처럼, 베드로처럼 영생의 샘물과 영생의 말씀을 사모해야 한다. 다른 어떤 것을 통해서도 우리는 하나님 나라를 찾을 수 없다.

예수님이 사랑하신 세상을 위해 목숨을 버리라

요한복음은 '하나님 나라' '천국'이라는 단어 대신에 특별한 주제어를 부각해 설명하는 경향이 있음을 살펴보았다. '빛' '진리' '영생'이라는 요한복음이 다루는 특별한 주제 외에 또 하나 주목하게 하는 단어가 바로 '사랑'이다. 물론 공관복음이 사랑이라는 주제를 다루지 않는 것은 아니다. 하나님을 사랑하고 이웃을 자신과 같이 사랑하라는 율법과 선지자의 핵심 강령은 세 복음서가 다 다루고 있다. 그런데 공관복음이 공통으로 기록하는 그 중요한 말씀을 요한복음은 다루지 않는다. 하지만 '사랑'이라는 단어는 훨씬 많이 언급하고 있다.

개략적으로 헤아려 본 '사랑'이라는 단어는 마태복음에 14회, 마가복음에 8회, 누가복음에 17회 나오지만 요한복음에는 57회나 나온다. 공관복음 전체인 39회보다 요한복음이 더 많다. 요한일서는 분량이 요한복음의 5분의 1밖에 안 되는 데도 사랑이라는 단어를 49회 기록한다. 요한이서와 요한삼서를 합하면 59회, 오히려 요한복음보다 요한서신에서 '사랑'이라는 단어를 더 자주 사용하고 있다. 그래서 요한을 '사랑의 사도'라는 별명으로 부르는가 보다.

일단 다른 복음서들보다 월등하게 '사랑'이라는 단어를 많이 사용하는 것은 틀림없어 보인다. 그런데 과연 이 '사랑'이라는 단어가 요한이 강조하는 하나님 나라를 어떻게 설명하고 있는지 확인해야 한다. '사랑'을 하나님 나라와 연관해 언급할 때 '세상'이라는 단어도 함께 생각하면 좋다. 두 단어가 연관된 경우가 많다. '세상'이라는 단어도 공관복음과 비교할 때 요한복음에 압도적으로 많이 나타난다.

'세상'은 마태복음에 16회, 마가복음에 1회, 누가복음에 6회 나와서 공관복음에 총 23회 나타난다. 그런데 요한복음에는 '세상'이라는 단어가 76회나 등장한다. 요한일서에도 23회가 나온다. 요한복음에는 다른 복음서들과 비교해 압도적으로 빈도수가 높은 두 단어인 '사랑'과 '세상'을 연결해 하나님 나라에 대해 알려준다.

세상을 사랑하셨다
: 하나님의 사랑

하나님이 세상을 사랑하셨다(요 3:16). 이 하나님의 사랑이 하나님 나라를 잘 보여준다. 그런데 세상이라는 단어는 한 가지 뜻만 있는 것이 아니고 세 가지 정도의 뜻을 가지고 있다. 요한복음에서 확인해보자.

> "세상은 그로 말미암아 지은 바 되었으되 세상이 그를 알지 못하였고"(요 1:10).
> "하나님이 세상을 이처럼 사랑하사 독생자를 주셨으니 이는 그를 믿는 자마다 멸망하지 않고 영생을 얻게 하려 하심이라"(요 3:16).

이 두 구절에 등장하는 세 가지 세상은 어떤 의미일까? 첫 번째 세상은 '하나님이 창조하신 세상'이다(요 1:10). 두 번째는 '하나님을 거부하고 알지 못하는 세속적인 세상'을 말한다(요 1:10). 요한은 요한일서에서 이 세상이나 세상에 있는 것들을 사랑하지 말라고 했다. 세상을 사랑하면 아버지의 사랑이 그 안에 있지 않기 때문이다. 육신의 정욕과 안목의 정욕과 이생의 자랑은 다 아버지께로 온 것이 아니고 세상으로부터 온 것이다(요일 2:15-16).

세 번째 세상은 "하나님이 사랑하시고 구원하신 사람을 뜻하는 세상"이다. 하나님이 이 세상을 사랑하셔서 택한 자들을 구원해주셨다. 이렇게 요한이 말하는 세상의 세 가지 의미는 객관적인 세상, 죄악된 세상, 구원받은 세상이라고 표현할 수 있다. 이것은 창조-타락-구속이라는 기독교 세계관의 틀과 비슷하다. 이런 세 가지 세상이 요한복음과 요한일서에 반복해서 나타나고 있다.

하나님이 세상을 사랑하셨다고 할 때의 사랑은 바로 세 번째 세상, 구원받은 세상을 의미한다(요 3:16). 이 말씀은 기독교의 핵심을 담고 있다. 그런데 하나님의 세상 사랑을 자세히 살피기 전에 요한이 강조하는 하나님의 아들 사랑에 대해서 좀 다루어야 한다.

하나님이 예수님을 사랑하셨다는 표현은 공관복음에 세례 때와 (마 3:17, 막 1:11, 눅 3:22) 변화산에서 변모하실 때(마 17:5, 막 9:7) 나타나고 있다. "이는 내 사랑하는 아들이요." 두 가지 사건을 다 생략하는 요한복음에서는 조금 더 자세하고 구체적으로 하나님의 아들 사랑을 표현하고 있다. 하나님은 아들을 사랑하여 만물을 아들의 손에 주셨다(요 3:35). 또한 아버지 하나님이 행하시는 것을 다 아들에게 보이셨다. 그보다 더 큰 일을 보이신다(요 5:20-21). 이것은 예수님의 십자가 사역을 말한다(요 10:17). 또한 예수님이 세상, 즉 구원받은 사람들을 향해 베푸는 사랑은 아버지 하나님이 창세 전부터 예수님을 향해 보여주신 사랑과 같은 사랑이다(요 15:9, 17:23-24). 이렇게 하나님은 사랑의 근원이고 사랑 그 자체이다. 그래서 요한일서에서 하나님이 우리를 사랑하셨다고 여러 차례 반복하고 나서 요한은 아예 "하나님은 사랑이시라"고 분명하게 두 번 강조하여 말하고 있다(요일 4:8,16).

하나님이 세상을 사랑해서 하신 일이 바로 예수님을 보내신 일이다. 하나님 사랑의 절정은 독생자 예수를 이 땅에 보내서 우리를 위해서 죽게 하신 것이다. 요한복음은 죄인들을 위해 십자가에 달려 돌아가신 예수님의 사랑을 특히 하나님이 세상을 사랑하심이라고 강조한다(요 3:16). 대제사장의 기도에서도 예수님은 이렇게 기도하신다. "곧 내가 그들 안에 있고 아버지께서 내 안에 계시어 그들로 온전함을 이루어 하나가 되게 하려 함은 아버지께서 나를 보내신 것과 또 나를 사랑하심같이 그들도 사랑하신 것을 세상으로 알게 하려 함이로소이다"(요 17:23). 이렇게 하나님이 사랑하여 독생자 아들을 보내시고 그를 십자가에 달려 죽고 부활하게 하여 구원 얻게 하신 세상은 복음서 기자들이 강조한 구원받아 하나님 나라에 들어가는 사람들을 의미한다. 결국 구원은 하나님의 사랑으로 가능하다. 하나님 나라에 속한 사람들은 하나님의 사랑 때문에 구원받게 되었다고 요한복음은 강조한다.

하나님의 세상 사랑을 성육신하여 세상에서 이루신 예수님은 자신의 목숨을 버려 사랑을 실천하셨다. "그가 우리를 위하여 목숨을 버리셨으니 우리가 이로써 사랑을 알고"(요일 3:16). 예수님은 사람들에게 이 사랑에 대해 가르치셨다. 십자가에서 돌아가시기 전에 제자들의 발을 씻어주면서 이렇게 말씀하셨다. "새 계명을 너희에게 주노니 서로 사랑하라. 내가 너희를 사랑한 것같이 너희도 서로 사랑하라. 너희가 서로 사랑하면 이로써 모든 사람이 너희가 내 제자인 줄 알리라"(요 13:34-35).

예수님은 사랑을 말로만 하신 분이 아니다. 말로 가르치기도 하셨지만 실제로 사랑의 본을 보여주셨다. 병든 사람을 고쳐주시고 배고픈 사람들을 먹여주셨다. 죽은 사람들을 살리시고 귀신 들린 사람에게서 귀신을 쫓아내셨다. 이런 일은 바로 하나님 나라를 실현하는 예수님의 사랑 표현이었다. 이런 예수님의 사랑 표현의 절정이 바로 십자가 죽음이다. 예수님은 자기의 목숨을 던지면서까지 우리를 향한 사랑을 보여주셨다. 이것이 하나님의 사랑이고 하나님의 속성 그 자체를 보여준다. 이런 세상 사랑을 통해 하나님 나라를 실현하셨다. 구원받은 자들을 말하는 세상, 궁극적으로 본래 하나님이 의도하시고 창조하신 세상으로 회복시키셨다.

세상을 사랑하라
: 서로 사랑하라

하나님의 세상 사랑과 예수님의 사랑 실천에 대해 요한이 포도나무 비유를 설명하면서 잘 보여주고 있다. "아버지께서 나를 사랑하신 것같이 나도 너희를 사랑하였으니 나의 사랑 안에 거하라. 내가 아버지의 계명을 지켜 그의 사랑 안에 거하는 것같이 너희도 내 계명을 지키면 내 사랑 안에 거하리라. 내가 이것을 너희에게 이름은 내 기쁨이 너희 안에 있어 너희 기쁨을 충만하게 하려 함이라. 내 계명은 곧 내가 너희를 사랑한 것같이 너희도 서로 사랑하라 하는 이것이니라"(요 15:9-12).

세상을 사랑하시는 하나님의 뜻을 실천한 예수님은 또 다른 사랑을 언급하신다. 제자들을 향해 서로 사랑하라고 하셨다. 예수님이 사랑하신 것처럼 제자들도 서로 사랑해야 한다. 요한일서에서 요한이 이 두 가지 사랑을 잘 표현해준다. "그가 우리를 위하여 목숨을 버리셨으니 우리가 이로써 사랑을 알고 우리도 형제들을 위하여 목숨을 버리는 것이 마땅하니라"(요일 3:16).

예수님도 사람이 친구를 위하여 목숨을 버리면 그보다 더 큰 사랑이 없다고 하시면서 제자들을 향해 친구라고 하셨다(요 15:13-14). 그리고 그 말씀대로 목숨을 버리셨다. 세상을 사랑하신 하나님이 형제를 사랑하라고 하시고, 서로 사랑하고, 나아가 세상을 사랑하라고 하신다. 세상을 향해 우리도 이렇게 목숨 바치는 사랑을 실천할 수 있어야 한다.

하나님 나라를 이 땅에 임하게 하는 방법은 결국 우리가 세상을 사랑하면 된다. 예수님이 사람들에게 사랑을 보여주신 일차적인 목적은 믿는 사람에게 영생을 주시기 위함이다. 다른 하나는 그 사랑을 각자의 삶 속에서 사람들에게 실천하게 하기 위함이다. 이렇게 서로를 사랑하는 일은 예수님이 우리에게 주신 새 계명이기도 하다. 우리가 서로 사랑하면 모든 사람이 우리가 예수님의 제자인 줄 안다 (요 13:34-35).

이런 사랑을 실천하는 방법은 여러 가지가 있다. 일단 말로 하는 방법이 있다. 사랑의 말을 건넬 수 있다. 이렇게 사랑의 표현이 시작된다. 그러나 사랑은 말로만 해서는 안 된다. 사랑을 제대로 하기 위해서는 행동으로 나타내야 한다. 그래야 말로 하는 사랑이 진실한지 알 수 있다. 요한일서 3장에서 요한이 말한다. "누가 이 세상의 재물을 가지고 형제의 궁핍함을 보고도 도와줄 마음을 닫으면 하나님의 사랑이 어찌 그 속에 거하겠느냐. 자녀들아 우리가 말과 혀로만 사랑하지 말고 행함과 진실함으로 하자"(요일 3:17-18).

이런 사랑 표현의 절정은 바로 자기 생명을 바치는 일이다. 물론 결코 쉽지 않다. 때때로 부모가 자녀를 위해서 생명을 바치는 사랑을 실천하기도 한다. 그러나 보통 우리의 삶에서 이렇게 목숨을 바치는 사랑을 실천하기란 쉽지 않다. 순교의 기회가 아무 때나 찾아오는 것은 아니듯이 우리도 준비할 수 있다.

우선 우리의 관계에서 사랑을 실천하는 연습과 훈련을 통해 예수님의 제자임을 입증하고 하나님 나라 구성원임을 확인하며 살아야 한다. 가장 가까운 관계에서 시작되어야 한다. 결혼한 부부가 사랑해야 한다. 피를 나눈 형제가 서로 사랑해야 한다. 공동체 안에서 서로 사랑의 실천을 시도해야 한다. 우리 일터 공동체, 교회 공동체, 우리사회, 우리나라, 우리 민족 공동체를 우리는 사랑해야 한다. 히브리서 13장에서는 형제 사랑하기를 계속하라고 권면했다. 손님을 대접하고 갇힌 자와 학대받는 자를 생각하라고 했다. 우리가 사랑해야 할 대상이 확대되어야 한다. 사랑의 폭을 넓히라는 말이다.

세상을 위하여
목숨을 버릴 수 있는 사랑

이렇게 우리의 공동체에서 목숨을 바치는 사랑을 과연 실천할 수 있을까? 2차 세계대전 때 영국의 세인트앤드루스 대학교의 학생이었다가 영국군 초급장교로 참전한 어네스트 고든이란 젊은이가 있었다. 본래 고든은 영국의 식민지였던 곳을 포함해 동남아 국가들이 독립할 것이기에 권력정치의 현장에서 브로커 역할을 하려는 꿈을 꾸었다. 그러다가 인도양에서 일본군 유조선을 만나고 스물네 살에 일본군의 포로가 되었고 태국 북부에 있는 청카이 포로수용소에 보내졌다. 일본군은 포로들을 그냥 가만히 앉혀두지 않았다. 인도 침공을 위해 태국 정글에 건설 중이던 철도 공사 현장에 보냈다.

〈콰이강의 다리〉라는 유명한 영화에 나오는 다리 건설도 이 공사에 포함되어 있었다. 고든은 매일 수천 명의 포로와 함께 정글의 나무들을 베어 길을 트고 습지를 통과하면서 철도 노반을 깔아야 했다. 그 작업장은 지옥의 모습 그대로였다. 포로들은 섭씨 50도에 육박하는 더위 속에 일하며 벌레에 물렸고 돌멩이에 맨발이 베이고 멍들고 부러지고 찢기고 다쳤다. 일하다 다치는 것은 오히려 사치였다. 감시하는 일본 군인들은 포로가 게으름을 부린다 싶으면 총검으로 찔러 죽였다. 포로들이 보는 앞에서 목을 잘라 죽이기도 했다. 그렇게 죽임당한 사람보다 더 많은 사람이 과로와 영양실조와 질병으로 죽었다. 8만 명이 목숨을 잃었고 철도 1마일당 393명의 인명이 손실된 공사였다.

어네스트 고든은 각기병, 기생충 감염, 말라리아, 이질, 장티푸스가 한꺼번에 겹쳐 쇠약해진 상태에서 악성 디프테리아가 발병했고 다리의 감각을 잃었다. 그래서 소생 가망이 없는 포로들이 누워 있는 이른바 '죽음의 집'에 이송되었다. 견딜 수 없는 악취가 나는 그곳에서 한쪽 팔꿈치로 지탱하면서 고든은 부모에게 최후의 편지를 썼다. 그리고 죽음을 기다렸다.

그런데 어느 날, 고든의 동료 두 사람이 와서 고든을 대나무 침상 위로 옮기고 돌봐주었다. 6주 만에 처음으로 목욕을 했다. 사실 당시 수용소는 적자생존의 실험실이었다. 수프에 떠다니는 채소 조각이나 쌀알을 놓고 포로들끼리 싸움을 벌였다. 장교들은 그들의 특별 배급을 자기들끼리만 먹었다. 숙소에서는 절도가 일상사였다. 죽어 나가는 동료에게서 손목시계, 라이터 같은 것을 빼내서 수용소 밖 태국인들에게 주고 음식을 바꿔 먹었다. 살아있는 동료에게서도 물건을 훔쳤다. 일본군의 저녁 식사가 끝날 무렵이 되면 몇몇 포로는 음식물 잔밥통으로 달려갔다.

그런데 이렇게 죽어가는 동료를 돌봐주는 일이 어떻게 가능하단 말인가? 그 동료들은 주야로 교대하면서 고든의 다리에 난 종기를 열심히 치료했다. 위축되어 쓸모없어진 다리를 주물러 주었다. 고든을 먹이기 위해서 두 친구는 일본군의 잔밥통을 향해 뛰는 무리 틈에 끼었다. 놀랍게도 몇 주의 시간이 흐른 후 고든의 다리가 조금씩 움직였고 몸무게도 약간 늘었다. 그렇게 고든은 살아났다. 어떻게 이런 일이 가능했겠는가? 고든은 주변에 있는 포로들이 조금씩 희망을 느끼고 있다는 사실을 깨달았다. 사람들의 정신 구조가 달라진 것 같았다. 수용소 안 포로들의 마음을 바꾼 몇 가지 사건들이 있었다.

앵거스라는 포로는 몇몇이 짝을 이루는 나름의 조직이 있었는데, 자기가 돌봐줄 동료 중 한 사람의 병이 위중해졌다. 그러자 자기가 받은 음식을 전부 다 그 동료에게 주었다. 밤의 한기를 막아주는 유일한 담요도 주었다. 수용소에서 빠져나와 태국 사람들에게서 오리알과 약을 자기 물건과 교환해 왔다. 그 결과 그 동료의 몸이 회복되었다. 그런데 불행하게도 그 덩치 크고 건강했던 앵거스가 죽고 말았다. 굶어 죽었다.

고든을 돌봐주던 동료가 이 이야기를 하면서 요한복음에 나오는 구절을 떠올렸다. "내 계명은 곧 내가 너희를 사랑한 것같이 너희도 서로 사랑하라 하는 이것이니라. 사람이 친구를 위하여 자기 목숨을 버리면 이보다 더 큰 사랑이 없나니"(요 15:12-13). 동료를 위해 목숨을 버린 앵거스의 희생이 수용소 사람들을 고무시켰다.

이런 일도 있었다. 어느 날, 저녁 작업을 마치고 돌아왔는데 일본군 감시병이 도구를 점검하던 중에 삽 하나가 없어졌다고 고함을 질렀다. 포로들을 헤집고 다니면서 범인을 찾는다고 성화를 부렸다. 아무도 자백하지 않았다. 태국인에게 팔아먹으려고 훔친 것이 확실하다면서, 일본 군인은 안 나오면 "다 죽인다"고 소리 지르며 앞줄의 가장자리 사람들에게 총부리를 겨누었다. 무서운 협박이 사람들을 공포에 떨게 했다. 분대원들을 다 죽일 태세였다.

바로 그 순간에 한 영국인 포로가 앞으로 나오며 말했다. "내가 했습니다." 화가 난 일본군인은 그 포로에게 덤벼들어 발로 차고 때렸다. 분노를 이기지 못하고 악을 쓰면서 총을 높이 들어 개머리판으로 그 포로의 머리를 찍었다. 더 이상 움직이지 않는데도 일본 군인은 악을 쓰면서 소총으로 그의 머리를 계속 내리찍고 걷어찼다.

포로들이 동료의 시신을 들고 숙소로 돌아와 삽을 무기 보관소에 반납했다. 그런데 하나도 모자라지 않았다. 일본 군인이 잘못 센 것이었다. 인원수에 맞게 삽이 다 그대로 있었다. 그 잔인한 일본 군인을 향한 포로들의 증오와 원한이 깊었을 것이다. 그런데 오히려 이런 일이 포로들에게 영감을 불어넣었다. 아마도 '내가 그랬다' 면서 자신을 희생한 포로는 "사람이 친구를 위하여 자기 목숨을 버리면 이보다 더 큰 사랑이 없다"는 그 성경 말씀을 기억해내고 희생하기로 결심했을 것이다. 앵거스의 이야기에 감동했을지도 모른다.

고든이 쓴 책에서는 그 포로들이 어떻게 변했나 이야기해준다. 청카이 포로수용소가 생기 넘치는 공동체로 바뀌었다. 병든 자들을 돌보던 그들은 과학을 연구하고 예술 활동을 벌였다. 음악가들이 오케스트라를 만들고 배우와 감독이 연극을 공연했다. 많은 포로가 자신이 애지중지하던 책들을 내놓아서 도서관을 운영했다. 자기 전공을 살려서 강좌를 개설했다. 역사, 철학, 경제학, 수학, 자연과학, 그리고 라틴어, 그리스어, 러시아어, 산스크리트어를 포함해 9개의 언어를 가르치는 강좌가 개설되었다. 교수진들은 기억을 더듬어 직접 교재를 만들었다. 그야말로 청카이 '정글대학' 이었다(필립 얀시, 「내 눈이 주의 영광을 보네」, 좋은씨앗 펴냄, 259-265쪽. 찰스 콜슨·헤럴드 피케트, 「이것이 인생이다」, 홍성사 펴냄, 223-242쪽).

그 포로들의 가장 감동적 변화는 결국 2차 대전이 끝나 일본이 패전하고 그들이 해방되었을 때 드러났다. 포로들은 자신들을 괴롭히던 일본 군인들을 죽이지 않았다. 수많은 자기 동료를 죽인 그들에게 보복하지 않고 그들에게 친절히 대했다. 이보다 더한 변화가 어디에 있겠는가? 사람 대접받지 못하던 그들은 지옥 같은 곳에서도 하나님 나라의 사랑을 실천했다.

빛보다 어둠을 더 사랑하던 죄악된 세상에 속한 우리였지만(요 3:19) 세상을 사랑하신 하나님의 사랑으로 인해 우리는 구원받아(요 3:16) 하나님 나라 시민이 되었다. 하나님이 사랑하시는 아들, 하나님의 사랑, 그분의 십자가로 이런 귀한 은혜가 주어졌다. 이제 주님은 우리에게 서로 사랑하라는 새로운 계명을 주셨으니 우리가 세상을 사랑하기 위한 노력을 다해야 한다고 말씀하셨다. 우리 가족과 동료와 이웃을 향해 우리의 가정과 일터와 세상에서 우리의 사랑을 실천할 때 이 땅에 임하는 하나님 나라를 우리가 보고 느낄 수 있다.

예수님을 믿어 빛의 자녀가 되어야 하나님 나라에
들어갈 수 있다. 빛이신 예수님은 우리에게
세상의 빛으로 살아가라고 하면서 약속해주신다.
우리는 예수님의 이 약속을 의지하고
오늘도 세상과 우리의 일터에서
어둠을 몰아내는 빛으로 살아가야 한다.

하나님이 이 모든 것을 네게 보이셨으니
너와 같이 명철하고 지혜 있는 자가 없도다. 창 41:39

PART 4

하나님 나라
말씀에서
떠올리는 총리들

하나님 나라 우선순위를
실천한 요셉

　　　　　　구약성경에는 하나님 나라 개념
이 잘 나타나지 않는다. 그런데 구약 신학자 존 브라이트는 오래전
1953년에 쓴 그의 책 「하나님의 나라」(컨콜디아사 펴냄, 18쪽)에서 용어
가 존재하지 않을 경우 개념을 찾아야 한다고 말한다. 하나님 나라
라는 개념은 예수님이 처음 말씀하셨지만 신구약성경에 골고루 존
재한다고 봤다. 신약의 복음서에만 많이 나오고 구약에는 전혀 나타
나지 않지만 하나님 나라 개념을 신약에 국한할 필요가 없다. 하나
님 나라는 장구한 역사 속에서 여러 가지 형태로 발전하여 나타났
다. 이스라엘의 신정 정권 사상에 내포되어 있고 종말에 가서 하나
님이 직접 그 백성을 통치하실 때 그 모습을 뚜렷하게 드러낼 것을
구약의 이스라엘 사람들도 이해하며 하나님 나라를 기대했다.

발터 아이히로트는 자신의 포괄적 신학 주제인 '언약'이 구약에서 하나님 나라에 해당하는 것이라고 인정한다(데일 페트릭, "구약에 나타난 하나님 나라" in. 웬델 윌리스, 「하나님의 나라 : 20세기의 주요 해석」, 솔로몬 펴냄, 129-130쪽). 하나님 나라 개념이 하나님의 통치와 주권을 말한다는 것은 대부분의 학자가 인정하는데 그렇다면 이 개념은 바로 성경에서 말하는 '언약' 사상을 정확하게 표현하고 있는 것이다.

따라서 구약성경에서도 하나님 나라를 연구하는 것은 당연하고 정당하다. 그 한 방법으로 예수님이 하나님 나라를 선포하신 내용에서 구약성경을 염두에 두거나 간접 인용하시는 내용을 살펴볼 수 있다. 그러면 구약성경 속에서 하나님 나라 개념을 유추하여 정리할 수 있으리라 기대해본다.

다만 예수님이 말씀하신 하나님 나라는 종말론적이고 우주적인데 반해 구약에서 묘사되는 하나님 나라는 역사적이고 국가주의라는 정치 체제로 제한된다는 한계가 있기는 하다. 한편 구약에서도 하나님은 이스라엘이라는 제한된 나라의 통치자임과 동시에 모든 백성의 통치자요 우주적 주권을 가진 분으로 묘사된다. 하나님이 선택하신 이스라엘(유다 왕국과 이스라엘 왕국)은 하나님의 통치를 제대로 보여주지 못하고 멸망하고 말았다. 오히려 하나님이 모든 백성의 통치자라고 보여주는 구약의 예가 존재한다. 당시 세계 최대 최강 제국인 애굽과 바벨론, 페르시아 같은 나라에서 왕은 아니었지만 실권을 가진 총리의 자리에 오른 이스라엘 사람이 세 명 있다. 요셉과 다니엘, 그리고 모르드개이다.

이 사람들은 세상을 하나님이 통치하신다는 사실을 세상의 백성들에게 보여준 특별한 일을 했다. 세상의 통치자였던 총리들을 예수님이 언급하신 하나님 나라 말씀과 견주어 살펴볼 수 있다. 예수님이 하나님 나라에 대해 말씀하신 부분에서 구약의 총리들을 연상할 수 있는 단서를 찾아 주석적으로 정당성을 입증한다면 하나님 나라에 대한 개념을 예수님과 구약의 연결을 통해 제시할 수 있을 것이다. 먼저 애굽의 총리였던 요셉을 살펴보도록 하자.

충성과 지혜로 때를 따라
양식을 나누어주는 요셉

마태복음 24장은 예수님이 십자가에 달리시기 며칠 전에 감람산에서 세상 끝에 대해 말씀하시는 종말 강화 속에 포함되어 있다. 예수님이 다시 오시기 전에 재난과 환란이 있고 큰 나팔 소리와 함께 천사들을 보내 택하신 자들을 사방에서 모을 것이라고 하신다(마 24:31). 종말의 상황이다. 24장의 마지막 절인 51절은 심판 이후에 영원한 형벌을 받는 지옥에 대해 묘사한다. 이런 종말에 대한 문맥 속에서 충성되고 지혜로운 종에 대한 예수님의 비유를 살펴보려고 한다(마 24:45-51). 44절이 마태복음 24장을 요약하는 메시

지를 준다. "이러므로 너희도 준비하고 있으라. 생각하지 않은 때에 인자가 오리라." 예수님이 말씀하신 충성되고 지혜로운 종의 비유가 하나님 나라 문맥이고 종말의 관점이라는 점은 틀림없다.

예수님이 비유로 드신 이야기에는 한 종이 등장한다. 그 종은 그 집안의 말단 노예가 아니라 집안의 종들을 돌보고 집안 살림을 맡은 청지기를 말한다. 그는 주인을 대신해 집안의 살림을 책임 진 관리자이다. 그러면 주인이 집안일을 맡긴 종에게 요구하는 덕목, 다시 말하면 자질은 무엇인가? '충성'과 '지혜'다(마 24:45). 충성하는 사람이 일을 지혜롭게 한다. 두 가지 미덕인 충성과 지혜는 서로 보완적이고 교차적이다.

충성되고 지혜로운 종이 해야 할 일을 예수님이 말씀하신다. 아마도 주인은 여행을 떠나면서 자신이 신임하는 종에게 일을 맡겼을 것이다. 자신이 해야 할 일을 맡긴 것인데, 그 일을 45절이 알려준다. "충성되고 지혜 있는 종이 되어 주인에게 그 집 사람들을 맡아 때를 따라 양식을 나눠줄 자가 누구냐?"

그 집 사람들에게 때를 따라 양식을 나누어주는 일이다. 청지기 종에게 있어서 그 집 사람들은 누구일까? 일차적으로 주인의 가족이 해당될 것이다. 그리고 그 집안의 일을 하는 종들도 포함된다. 또한 주인을 찾아올 손님이나 이웃도 포함될 것이다. 그 집안에 관련된 모든 사람에게 때를 따라 음식을 제공해서 그들이 살아갈 수 있도록 돌보는 일이다. 이것이 바로 청지기의 일이다.

사람들을 먹여 살리는 문제는 중요하다. 성경의 룻이 시어머니를 부양하기 위해 이삭줍기를 하러 밭으로 간 일, 그 과정이 중요하다. 잠언에 나오는 현숙한 여인도 "밤이 새기 전에 일어나서 자기 집 안사람들에게 음식을 나누어준다"(잠 31:15)고 한다. 성경은 직업을 통해 가족을 부양하는 일의 중요성을 강조한다.

이렇게 사람들에게 먹을 것을 주는 일은 사실 하나님이 하실 일이다. "모든 육체에게 먹을 것을 주신 이에게 감사하라. 그 인자하심이 영원함이로다"(시 136:25). 우리가 사람들을 먹여 살리면 그것은 하나님이 하실 일을 대신 하는 귀한 사명이 된다. 따라서 우리는 내 가족만 먹여 살리는 것으로 우리의 책임을 다 했다고 생각하면 안 된다. 하나님의 보다 큰 개념의 가족과 식솔들을 먹여 살리는 거룩한 책임이 우리에게 주어져 있다.

이렇게 사람들을 먹여 살리는 일이 종말시대에 하나님이 맡기신 귀한 사명임을 인식해야 한다. 천국에서는 배고픔이 없고 사람들이 풍요를 누릴 것이다. 이 일이 하나님 나라에 중요해서 예수님은 오병이어와 칠병이어 이적을 베풀어서 사람들에게 천국을 미리 맛보여주셨다. 요한복음에서는 오병이어 표적의 의미를 밝히면서 예수님이 바로 하늘에서 내려온 생명의 떡이라고 말한다. 하늘에서 내려온 떡을 먹는 자는 마지막 날에 다시 살고 영생을 얻을 것이다(요 6:40, 58).

사람들에게 양식을 나누어주어 먹고살게 하는 일은 중요하다.

하나님이 세계 사람들을 먹여 살리는 하나님의 통치를 명확하게 보여준 사건이 구약에 있었다. 바로 애굽의 총리였던 요셉을 통해 7년 흉년을 견디며 사람들을 살린 일이다. 예수님이 말씀하신 충성되고 지혜 있는 종이 바로 요셉이었다. 그 집 사람들을 맡아 때를 따라 양식을 나눠주는 일을 요셉이 했다.

요셉은 '7풍7흉 대비 이집트 제국 서바이벌 프로젝트'를 바로 왕에게 제안하여 총리 자리에 올랐다. 7년간 풍년이 연속될 때 셀 수 없이 많은 곡식을 창고에 저장했다. 온도와 습도를 잘 유지하고 그간 여러 경로를 통해 배운 곡식 저장 방법을 지혜롭게 활용하여 7년 흉년기간 동안 애굽 백성과 고대 근동 지역의 수많은 사람을 살려냈다. 요셉은 아버지 야곱과 형제들도 살렸다. 고센 땅에 이주하게 하여 결국 큰 민족으로 성장할 수 있는 계기를 마련했다.

요셉은 충성되고 지혜롭게 사람들에게 곡식을 나눠주었다. 곡식을 판 그 많은 돈을 자신이 받지 않고 바로 왕의 국고로 다 가져가며 충성을 다했다. 자기들이 저장한 곡식을 다 먹고 돈과 집과 땅과 가축들마저 곡식과 바꿔 먹은 후 애굽 백성은 빈털터리가 되었다. 그런데도 요셉은 애굽 백성들에게 매년 곡식을 나눠주며 농사를 짓게 했다. 형들이 애굽으로 왔을 때 말했던 것처럼 농사를 지어도 수확하기 힘든 흉년이 계속되었지만 농사를 계속 지어 근로 의식을 잃지 않도록 했다. 또한 당시 주변 나라들의 관행은 소작농이 50퍼센트의 세금을 내야 했는데 20퍼센트의 세금만 내게 하는 파격적 정책을 통해 애굽 백성을 살리는 조세 시스템도 마련했다. 이런 지혜를 발휘하며 애굽 백성들을 위기 속에서 살리기 위해 요셉은 양식을 나누어주었다.

약속의 땅에 대한 기대를
잃지 않은 요셉

예수님은 말씀하신다. 주인이 언제 돌아오더라도 종은 전혀 흐트러짐 없는 모습으로 그 일에 충성하기를 원하신다. 주인은 언제 돌아올지 모른다. 요즘에야 출장을 가거나 여행을 가면 스케줄을 가지고 시간을 잘 맞출 수 있다. 변경 상황이 생기긴 하지만 대체로 일을 마치고 돌아오는 날을 알 수 있다. 하지만 옛날에는 도보나 말을 통해 긴 여행을 할 때는 여행기간을 잘 알 수 없었다. 변수가 자주 생기는 것이다.

성경이 기록될 당시 여행의 상황처럼 우리 주님도 언제 이 땅에 오실지 아무도 모른다. 숱한 사람이 예수님이 오신다는 헛된 예언으로 물의를 일으켜서 이제 예수님이 재림하신다는 사실에 대해서도 의심하는 사람이 많지만 우리 주님은 꼭 다시 오신다. 다만 그때를 하나님 외에는 아무도 모른다(막 13:32). 그러니 우리는 언제나 흐트러짐 없이 바람직한 자세로 일하고 살아가기 위해 노력해야 한다.

그런데 예수님이 말씀하시기를 악한 종은 마음에 이런 생각을 한다. '틀림없이 주인이 더디 올 것이다. 일찍 올 리가 없다.' 그래서 어떻게 하는가? 잘 돌보고 먹을 것을 주라고 한 사람들을 제대로 안 돌본다. 함께 일하는 동료들을 때리며 학대한다. 술친구들과 더불어 먹고 마시면서 방탕했다. 악한 종은 아직 주인이 올 때가 되지 않았다고 착각하기 때문에 이런 행동을 한다.

예수님의 재림은 아직 멀었으니 마음껏 세상을 즐기고 살자고 하면서 방탕하면 종이 생각지 않은 날 예상하지 못한 시간에 주인이 돌아오듯이 예수님도 아무도 예상 못한 때에 오실 것이다. 만약 종말을 제대로 준비하지 못한 우리의 모습을 주님이 보신다면 우리의 인생은 그야말로 끝장난다. 예수님은 지옥의 저주에나 해당되는 관용구로 종말에 관한 이 비유 이야기를 결론지으셨다. "거기서 슬피 울며 이를 갈리라"(마 24:51).

알지 못하는 때에 재림하실 종말에 대한 말씀을 하시면서 예수님은 요셉을 염두에 두셨을 것이다. 요셉은 애굽에서 총리로 오래 지냈지만 자신의 죽음을 앞두고 유언을 남기기를 이스라엘 백성이 애굽 땅에 영원히 머물러 살지는 않는다고 말했다. 4대 만에 돌아가게 하겠다고 아브라함에게 약속하신(창 15:16), 약속의 땅에 대한 소망을 유산으로 남겼다. 반드시 하나님이 약속하신 땅으로 인도하시리니 그때가 되면 자신의 유골을 메고 올라가 약속의 땅에 장사 지내라고 당부했다(창 50:24-26).

이스라엘 백성은 아마도 미라로 만들어졌을 요셉의 유골을 실제로 보거나 이야기를 전해 들으면서 하나님이 약속하신 가나안 땅으로 돌아가게 될 날을 고대했다. 요셉의 유골이 일종의 시각적 교보재로 쓰인 셈이다. 언약적이고 종말적인 매우 유익한 교보재였다. 반드시 그날, 애굽의 생활을 마감하고 약속의 땅으로 갈 때가 있다는 사실을 이스라엘 백성은 요셉의 시신으로 확인했다.

이런 요셉의 종말 의식은 바울이 표현하는 대로 오늘 세상을 살면서 하나님 나라 시민이기도 한 우리 그리스도인들의 이중적 정체성과도 잘 통한다. "그러나 우리의 시민권은 하늘에 있는지라. 거기로부터 구원하는 자 곧 주 예수 그리스도를 기다리노니"(빌 3:20). 그리스도께서는 "우리의 낮은 몸을 자기 영광의 몸의 형체와 같이 변하게 하시"(빌 3:21)며 우리를 하나님 나라로 인도해주실 것이다.

하나님 나라를 구하는
우선순위를 실천한 요셉

요셉은 애굽 왕 바로가 꾼 꿈의 해석뿐만 아니라 해결책까지 완벽하게 제시할 수 있었다. 바로는 신이 자신에게 꿈으로 계시한 대로 흉년이 들게 되면 애굽이 망할 것을 염려하고 있었는데 요셉이 바로의 번민을 잘 파악하고 있었다. 그래서 요셉은 꿈을 해석하는 핵심 부분에서 풍년에 대해서는 짧게 언급하고 흉년에 대해서는 길고 자세하게 설명하였고(창 41:29-31), 바로의 고민하는 마음에 위로를 주는 것이 무엇인지 알고 있었다. "이와 같이 그 곡물을 이 땅에 저장하여 애굽 땅에 임할 일곱 해 흉년에 대비하시면 땅이 이 흉년으로 말미암아 망하지 아니하리이다"(창 41:36).

이렇게 바로의 두려움을 콕 집어 위로하며 걱정을 덜어주는 대안을 제시하는 요셉의 제안을 듣고 감동한 바로는 요셉을 애굽의 총리로 임명했다. 요셉은 자신을 총리로 자천한 것도 아니었다. 그런 암시도 하지 않았다. "명철하고 지혜 있는 사람을 택하여 애굽 땅을 다스리게"(창 41:33) 하라고 하였는데, 바로가 요셉의 그 말을 받아 외쳤다. "하나님이 이 모든 것을 네게 보이셨으니 너와 같이 명철하고 지혜 있는 자가 없도다"(창 41:39).

그런데 생각해보라. 요셉이 애굽 왕 바로의 번민을 해결할 때 요셉 자신의 상황은 어땠는가? 세상의 번민을 해결하는 요셉 자신은 참 한심하지 않았는가? 요셉은 바로 앞에 서기 위해 면도하고 옷을 갈아입고 나오기 직전까지 옥에 갇혀 있었다. 나이가 서른 살이었지만 고향을 떠나 객지생활을 하고 있었고, 상사의 아내 강간 미수범으로 투옥 중이었다. 결혼은 물론이고 미래를 설계할 수 있는 처지가 전혀 아닌 딱한 젊은이였다. 요즘 우리시대 젊은이들의 두 가지 고민인 '일터와 가정' '직업과 결혼'에 있어서 전혀 준비되지 못했다.

그런데 그런 고민 많은 요셉이 바로가 꿈에서 본 세상의 번민에 집중했다. 하나님의 능력으로 세상의 번민을 풀어냈다. 그러자 어떤 일이 벌어졌는가? 요셉이 가지고 있던 고민이 하루아침에 풀렸다. 요셉은 당시 세계 최대 최강제국인 애굽의 총리가 되었다. 죄수의 신분에서 하루아침에 국무총리가 되었다. 애굽 사람들을 살리고 세상 사람들을 흉년에서 구하는 일이 그에게 맡겨졌다. 또한 요셉은 모든 사람의 인정을 받았다(창 41:37). 죄수의 신분에서 하루아침에 자기들 머리 꼭대기에 올라선 요셉을 애굽 궁궐의 모든 신하가 인정했다. 요셉의 직업문제가 이렇게 해결되었다.

지위와 권력을 얻은 것뿐만 아니라 결혼도 했다(창 41:45). 온의 제사장 보디베라의 딸 아스낫과 결혼했다. 이렇게 요셉 인생의 모든 고민이 하루아침에 다 해결되었다. 요셉이 세상의 고민을 풀어내니 자신의 인생 고민도 술술 풀렸다. 이 이야기를 들으면 생각나는 성경 구절이 있지 않은가? 예수님이 산상수훈에서 말씀하신 구절이다. "너희는 먼저 그의 나라와 그의 의를 구하라. 그리하면 이 모든 것을 너희에게 더하시리라"(마 6:33). 예수님이 산상수훈의 핵심적인 교훈인 이 말씀을 하시면서 아마도 틀림없이 요셉을 떠올리셨을 것이라고 나는 생각한다. 요셉의 모습이 자연스럽게 연상된다.

이 구절은 우리 크리스천의 삶을 규정짓는 멋진 교훈이다. 우리의 우선순위를 명확하게 밝혀준다. 세상 사람들은 '모든 것'에 집중한다. 그래서 무엇을 먹을까, 무엇을 입을까, 어떤 집에서 살까 고민한다. 우리도 역시 그런 고민을 해야 하지만 먼저 해야 할 일이 있다. 먼저 하나님 나라와 하나님의 의를 구하는 것이다. 이 우선순위는 무엇을 보여주는가? 바로 우리 인생의 소명을 상기시킨다. 우리는 왜 무엇을 먹고 입을지 고민하는가? 왜 취업해서 일하려 하고, 이성을 만나서 결혼하여 가정을 이루려고 하는가? 그 '모든 것'은 우리 인생의 목적이 아니다. 우리 인생의 목적인 하나님 나라와 의를 이루기 위한 수단, 즉 목표이다.

우리는 우리가 고민하는 인생의 '모든 것'을 왜 가져야 하고 누려야 하는지 질문하고 확인해야 한다. 하나님 나라와 하나님의 의와는 상관없이 그저 세상 사람이 생각하는 사고방식이나 가치와 다르지 않다면 돌이켜야 한다. 그저 남들 하는 대로 좋은 학교, 좋은 직장에는 꼭 가야하고, 좋은 사람 만나 결혼하고, 돈은 남부럽지 않을 만큼은 꼭 벌어야 한다고 생각하면 심각하게 고민해보아야 한다. 나는 과연 하나님 나라와 하나님의 의를 구하고 있는가?

우리는 우리의 인생 고민을 먼저 다 해결한 후에 여유가 생기면 세상의 번민을 풀겠다고 생각하지 말아야 한다. 우선순위가 바뀌었다. 시대의 고민, 이 세상의 번민을 해결하려고 노력하는 삶을 살아야 한다. 하나님이 요셉의 고민을 해결해주신 방법이다. 유진 피터슨이 해석한 성경에서 이렇게 번역하고 있다. "너희는 하나님이 실체가 되시고, 하나님이 주도하시며, 하나님이 공급하시는 삶에 흠뻑 젖어 살아라. 뭔가 놓칠까 봐 걱정하지 말라. 너희 매일의 삶에 필요한 것은 모두 채워주실 것이다"(마 6:33, 메시지 신약). 예수님의 이 말씀을 삶을 통해 미리 완벽하게 보여준 사람이 바로 요셉이었다. 우리도 일하고 살아가면서 하나님 나라와 하나님의 의를 우선적으로 추구할 수 있어야 한다.

요셉은 애굽에 노예로 팔려 가서 총리의 자리에 올라 당시의 세계 제국을 통치한 인물이다. 예수님이 하나님 나라에 대해 하시는 말씀 속에서 요셉을 떠올릴 수 있는 부분이 있다. 충성과 지혜로 애굽을 통치한 요셉은 하나님 나라에서 살아가는 우리 크리스천 직업인들이 일하는 방법을 잘 보여주었다. 애굽문화 속에서 살아가면서도 약속의 땅으로 돌아갈 언약을 잊지 않고 이스라엘 백성을 권하며 하늘의 시민권을 가지고 살아가는 삶을 보여주었다. 또한 애굽 바로의 고민에 집중하여 해몽하면서 세상의 걱정거리가 아닌 하나님 나라와 하나님의 의를 먼저 실천하는 우선순위의 삶을 보여주었다. 직업인이었던 요셉이 이스라엘도 아닌 이방 땅 애굽에서 보여준 하나님 나라 시민의 삶을 우리도 본받아 우리의 일터에 하나님 나라가 임하게 할 수 있어야 한다.

C·H·A·P·T·E·R·13

착한 행실로 하나님께 영광 돌리게 한 다니엘

만약 아담과 하와가 죄를 범하지 않고 에덴동산에서 하나님이 주신 창조 명령을 실행했다면 하나님 나라는 에덴동산에서 실현되었을 것이다. 우리가 고대하는 새 하늘과 새 땅이 임한 후에 하나님이 본래 의도하셨던 하나님 나라를 경험할 수 있을 것이다. 에덴동산의 실패 후 하나님은 아브라함을 선택하여 땅과 후손과 복이 되는 하나님 나라의 언약을 주신 후(창 12:1-3) 이스라엘을 선택하여 하나님 나라를 실현하시려는 의도를 가지셨다. 그런데 이스라엘은 불순종하여 하나님의 뜻을 이루지 못했다. 이스라엘 왕국, 그리고 분열 후의 유다 왕국까지 구약성경에 기록된 역사를 통해 확인할 수 있는 대로 그 이스라엘과 유다는 하나님이 의도하신 하나님 나라를 제대로 담아내지 못했다. 이스라엘의 역사에서 하나님 나라의 잔상과 흔적을 찾을 수는 있으나 본질적인 하나님 나라의 특징을 찾기는 쉽지 않다.

그런데 유다와 이스라엘 왕국 대신 당시 주변의 세계를 주름잡던 나라들, 이른바 세상 나라들 속에서도 하나님 나라의 흔적을 발견할 수 있다. 강대국의 국무총리로, 세상을 통치하시는 하나님 나라의 흔적을 보여준 사람들이 있었다. 살펴본 애굽의 총리 요셉에 이어 여기서는 바벨론과 메대, 바사 제국의 총리였던 다니엘을 생각해보자. 예수님의 하나님 나라 말씀 속에서 떠올릴 수 있는 다니엘을 살펴보자.

뱀같이 지혜롭고
비둘기같이 순결했던 다니엘

마태복음 10장에는 예수님이 열두 제자를 임명하시고 그들을 파송하시며 이스라엘 집의 잃어버린 양에게로 가서 "천국이 가까이 왔다"고 전파하라고 하신 말씀이 기록되어 있다. 예수님이 하셨던 것처럼 병든 자를 고치고 죽은 자를 살리고 귀신을 쫓아내라고 하셨다(마 10:5-8). 하나님 나라를 선포하고 그 하나님 나라를 보여주는 능력을 예수님이 제자들에게 주셨기 때문에 가능했다.

그리고 복음을 전하다 사람들로 인해 겪는 어려움에 대해서 말씀하신다. 공회에 넘겨지고 회당에서 채찍질 당하고, 가족 간에도 다툼이 있고 동네에서 핍박당하게 된다. 어려움을 겪을 때 할 말을 성령님이 알려주실 것이고 박해당하면 피하고 끝까지 견디면 구원받는다고 하신다. 그리고 복음을 전할 때 이스라엘의 모든 동네를 다 다니지 못하여서 예수님이 재림하신다고 하셨다(마 10:17-23).

이렇게 사도들의 천국 소명 파송사라고 할 수 있는 말씀을 하시는 가운데 예수님이 이런 말씀을 하셨다. "보라. 내가 너희를 보냄이 양을 이리 가운데로 보냄과 같도다. 그러므로 너희는 뱀같이 지혜롭고 비둘기같이 순결하라"(마 10:16). 네 동물을 통해 적절하게 비유하신 말씀이다. 이 말씀을 하시면서 예수님은 바벨론 궁궐에 있던 다니엘을 떠올리셨을 듯하다. 말씀을 듣는 사도들도 자연스럽게 다니엘이 머릿속에 떠올랐을 것이다.

다니엘은 유다 왕국이 망한 후 왕족과 귀족 자제 여러 명이 볼모로 잡혀갈 때 바벨론으로 갔다. 양을 이리 가운데로 보내는 상황과 적절하다. 예수님이 제자들에게 말씀하시는 종말시대의 상황과도 흡사해 보인다. 다니엘과 친구들, 또한 유대 나라 많은 볼모가 겪었을 상황이 바로 이리 가운데 있는 양 같았다.

여러 어려움을 겪었지만 어려움을 겪을 때 할 말을 성령님이 알려주시듯이 다니엘이 지혜롭게 말하는 모습을 우리가 다니엘서를 통해 확인할 수 있다. 느부갓네살 왕이 꿈을 꾼 후 신하들에게 해몽도 하고 꿈도 알아내라고 할 때도 다니엘은 친구들과 함께 합심기도

하면서 하나님이 주신 지혜를 통해 결국 해몽하고 어려운 문제를 풀어냈다. 수많은 고통을 겪었지만 그때마다 이리저리 피하며 끝까지 견뎌내었다. 어떻게 다니엘(과 세 친구들)이 뱀같이 지혜롭고 비둘기같이 순결했는가?

다니엘 1장에 보면 정체성의 위기를 극복하는 모습을 확인할 수 있다. 그들의 이름이 바뀌고 바벨론 학문을 배우고 왕이 하사하는 음식을 먹어야 하는 일들을 겪었다. 이 중 개명과 학문에 대해서 다니엘과 세 친구들은 수용했다. 그것은 하나님을 믿는 사람으로서 정체성의 위기가 틀림없었지만 의무로 감당해야 할 부분이라고 판단했다.

그런데 왕이 하사하는 음식을 먹는 문제는 거절했다. 그때도 건강에 문제가 생기면 문책당할 환관장을 배려하면서 열흘간 시험한 후에 허락받았다. 이렇게 다니엘과 세 친구는 지혜롭고 용기 있게 대응했다. 3년의 수업 후 '행정고시'를 치렀을 때 1등부터 4등을 다니엘과 세 친구가 차지했다. 다니엘은 탁월한 1등이었다. 이렇게 다니엘은 뱀같이 지혜로웠다.

또한 다니엘 3장에서 다니엘의 세 친구들을 통해 비둘기 같은 순결함을 확인할 수 있다. 느부갓네살 왕이 만든 신상 앞에 절하는 문제에서 왕이 회유하고 위협해도 굴하지 않고 하나님이 함께하여 구해주실 것이고 그렇지 않더라도 절대 할 수 없다고 하여 신앙의 순결을 지켜냈다. 하나님이 그들을 풀무불 속에서도 살려주셨다. 예수님은 이렇게 말씀하셨다. "또 너희가 내 이름으로 말미암아 모든 사람에게 미움을 받을 것이나 끝까지 견디는 자는 구원을 얻으리라. 자기 목숨을 얻는 자는 잃을 것이요 나를 위하여 자기 목숨을 잃는 자는 얻으리라"(마 10:22,39).

착한 행실로 사람들이
하나님께 영광 돌리게 하다

하나님 나라 백성의 윤리 선언인 산상수훈에서 예수님은 소금과 빛의 삶을 살라고 하면서 빛을 비추는 삶이 하나님 나라에 어떤 결과를 가져오는지 알려주셨다. 예수님은 제자들을 향해 세상의 맛을 내는 소금으로 어둠을 몰아내는 빛으로 살아가라고 교훈하셨다(마 5:13-15). 그리고 이렇게 말씀하신다. "이같이 너희 빛이 사람 앞에 비치게 하여 그들로 너희 착한 행실을 보고 하늘에 계신 너희 아버지께 영광을 돌리게 하라"(마 5:16). 소금과 빛으로 살아가는 삶은 구체적으로 '착한 행실'을 통해 나타내야 한다. 그리고 예수님이 의미 있는 말씀을 하신다. 착한 행실을 보고 사람들이 하늘에 계신 하나님께 영광을 돌리게 하라는 말씀이다. 소금과 빛의 삶으로 인해 나타나는 착한 행실을 사람들이 보면 하나님께 영광 돌리게 된다. 하나님 나라 백성의 윤리적 삶을 언급하시면서 이런 말씀을 하실 때 예수님이나 제자들은 다니엘 선지자를 떠올렸을 듯하다.

다니엘은 메대, 바사 제국의 세 총리 중 하나였고 수석총리 물망에 오를 때 사자 굴에 들어가는 처벌을 피하지 않았다. 하나님의 사람의 고결한 윤리 기준에서 벗어나지 않았다. 한 달만 기도하지 않으면 되는 것을 참지 않고 평소에 기도하던 대로 예루살렘을 향하여 창을 열어놓고 기도했다. 사생결단의 기도였다. 사로잡혀 간 자들이 그곳 성전을 향해 기도하면 그 기도를 응답해달라고 예루살렘 성전 낙성식 때 솔로몬 왕이 기도했던 바로 그 기도를 포기하지 않았다.

다니엘은 내적 윤리의 기준만 튼튼히 세운 것이 아니었다. 사자 굴 모함 이전에 정적들은 치밀하게 사찰하여 다니엘을 조사했다. 그러나 허사였다. "아무 근거, 아무 허물도 찾지 못하였으니 이는 그가 충성되어 아무 그릇됨도 없고 아무 허물도 없음이었더라"(단 6:4). 기껏 그들이 제출한 청문보고서는 이것이었다. "이 다니엘은 그 하나님의 율법에서 근거를 찾지 못하면 그를 고발할 수 없으리라"(단 6:5). 현행법으로는 다니엘을 어찌지 못하기에 법을 하나 새로 만들어 기도하던 다니엘이 사자 굴에 들어가게 했다. 이렇게 다니엘은 착한 행실을 사람들에게 보였다. 그러자 어떤 일이 벌어지는가? 다니엘이 사자 굴에 들어갔으나 멀쩡했던 것을 보고 다리오 왕은 그의 정적들을 처형했다.

그리고 놀라운 일이 일어났다. 다리오 왕이 제국의 모든 백성에게 조서를 내렸다. "내가 이제 조서를 내리노라. 내 나라 관할 아래에 있는 사람들은 다 다니엘의 하나님 앞에서 떨며 두려워할지니 그는 살아 계시는 하나님이시오. 영원히 변하지 않으실 이시며 그의 나라는 멸망하지 아니할 것이요 그의 권세는 무궁할 것이며 그는 구원도 하시며 건져내기도 하시며 하늘에서든지 땅에서든지 이적과 기사를 행하시는 이로서 다니엘을 구원하여 사자의 입에서 벗어나게 하셨음이라 하였더라"(단 6:26-27).

유다 왕국은 멸망했으나 당시 세계를 호령하던 이방 왕의 공식 조서를 통해 다니엘이 섬기는 하나님은 살아계시고 영원히 변치 않고 멸망하지 않고 그 나라의 권세가 무궁하다고 만방에 선포되었다. 다리오 왕이 섬기던 만신전의 수많은 신 중에 살아 계시는 하나님보다 능력 있는 신은 없어 보인다. 공식 문서인 조서를 통해 하나님의 영광을 드러낸 놀라운 광경이 아닐 수 없다. 예수님이 이렇게 말씀하셨다. "이같이 너희 빛을 사람 앞에 비치게 하여 그들로 너희 착한 행실을 보고 하늘에 계신 너희 아버지께 영광을 돌리게 하라"(마 5:16).

모퉁이의 머릿돌이
'손대지 아니한 돌'

예수님이 십자가에 달려 돌아가시기 전 성전에서 가르치실 때 유대교 당국자들이 예수님의 권위가 어디서 나왔는지 질문했다(마 21:23). 그때 예수님은 두 가지 비유를 말씀하신다. (마태복음만 기록한) 두 아들의 비유(마 21:28-32)와 공관복음이 다 기록한 포도원 농부의 비유(마 21:33-44)이다.

아버지가 아들들에게 포도원에 가서 일하라고 하자 큰아들은 간다고 하고는 가지 않았다. 작은아들은 안 간다고 하고는 뉘우치고 갔다. 이것은 당연히 예수님을 거부한 유대교 당국자들과 외식하는 사람들에 대한 경고이다. 예수님이 말씀하신다. "세리들과 창녀들이 너희보다 먼저 하나님 나라에 들어가리라"(마 21:31).

그리고 한 집주인이 포도원을 만들고 농부들에게 세로 주고 타국에 간 비유를 말씀하신다. 열매 거둘 때가 되어 종들을 농부들에게 보냈더니 때리고 죽였다. 다른 종들을 처음보다 많이 보내도 그렇게 하자 주인은 아들을 보내면 존대할 것이라며 최후통첩으로 아들을 보냈다. 그러자 농부들이 상속자를 죽이고 유산을 차지하자며 아들을 죽였다. 그러면 포도원 주인이 올 때 농부들을 어떻게 하겠느냐고 예수님이 질문하셨다. 유대교 당국자들은 악한 자를 진멸하고 포도원을 다른 농부들에게 세로 줄 것이라고 대답했다. 이때 예수님이 시편 118편을 인용하신다. "너희가 성경에 건축자들이 버린 돌이 모퉁이의 머릿돌이 되었나니 이것은 주로 말미암아 된 것이요 우리 눈에 기이하도다 함을 읽어 본 일이 없느냐"(마 21:42).

시편 118편의 내용을 아는 사람들은 이 말씀을 이해할 수 있었다. 돌로 된 집을 지을 때 미리 규격에 맞게 잘라 만든 돌을 차례대로 올려서 집을 짓는데 맞지 않는 것 같은 돌이 있었다. 그래서 버리려고 제쳐놓은 돌이 그 집의 머릿돌이 되는 것은 바로 사람들이 인정하지 않는 것 같지만 세상을 구원하러 오신 예수님 자신을 가리키는 것이다.

그리고 예수님은 또 한 곳의 성경을 인용하신다. 이렇게 말씀하시며 포도원 농부의 비유를 마무리하신다. "이 돌 위에 떨어지는 자는 깨지겠고 이 돌이 사람 위에 떨어지면 그를 가루로 만들어 흩으리라"(마 21:44).

이 말씀은 다니엘 2장을 인용하셨다. 느부갓네살 왕이 꿈을 꾼 후에 신하들을 닦달해 해몽해내라고 했던 바로 그 사건이다. 금으로 된 머리, 은으로 된 가슴, 동으로 된 배, 철로 된 다리와 진흙과 철이 섞인 발가락으로 된 신상이 있었다. '손대지 아니한 돌'이 날아와 발을 치니 신상이 다 부서지고 티끌이 되어 태산을 이루었다. 금 머리에 해당하는 바벨론부터 시작하여 메대, 바사, 헬라, 로마 제국이 차례로 들어설 것에 대해 알려주셨다.

예수님이 이 땅에 오심은 "모퉁이의 머릿돌"(마 21:42)이 "손대지 아니한 돌"(단 2:45)처럼 나라들을 깨뜨리고 가루로 만들어 흩는 심판을 가리킨다. 다니엘이 느부갓네살 왕 앞에서 해몽하며 아마도 목소리를 높였을 듯하다. "이 여러 왕들의 시대에 하늘의 하나님이 한 나라를 세우시리니 이것은 영원히 망하지도 아니할 것이요 그 국권이 다른 백성에게로 돌아가지도 아니할 것이요 도리어 이 모든 나라를 쳐서 멸망시키고 영원히 설 것이라. 손대지 아니한 돌이 산에서 나와서 쇠와 놋과 진흙과 은과 금을 부서뜨린 것을 왕께서 보신 것은 크신 하나님이 장래 일을 왕께 알게 하신 것이라"(단 2:44-45).

예수님의 말씀을 듣는 유대교 당국자들은 심판에 대한 말씀을 들으며 거북했겠지만 그들도 자연스럽게 다니엘을 연상했다. 예수님은 비유 속의 아들이 바로 '모퉁이의 머릿돌'이고 '손대지 아니한 돌'이라는 점을 믿지 않는 사람들에게 이렇게 말씀하신다. "하나님의 나라를 너희는 빼앗기고 그 나라의 열매 맺는 백성이 받으리라"(마 21:43).

이렇게 비유 속에서 다니엘을 떠올리신 예수님은 '인자'(人子, 사람의 아들)라는 호칭으로 자신을 부르셨는데 이 호칭도 다니엘과 연관되었다고 볼 수 있다. 다니엘이 벨사살 왕 원년에 본 환상 중에 이런 장면이 나온다. "내가 또 밤 환상 중에 보니 인자 같은 이가 하늘 구름을 타고 와서 옛적부터 항상 계신 이에게 나아가 그 앞으로 인도되매 그에게 권세와 영광과 나라를 주고 모든 백성과 나라들과 다른 언어를 말하는 모든 자들이 그를 섬기게 하였으니 그의 권세는 소멸되지 아니하는 영원한 권세요 그의 나라는 멸망하지 아니할 것이니라"(단 7:13-14).

김세윤 교수는 예수님이 다니엘 7장에 나오는 '인자 같은 이'를 염두에 두고 자신을 가리키는 호칭으로 사용했다고 확신한다. 인자 같은 이는 다니엘의 환상에서 확인할 수 있는 대로 하나님의 아들이고 하나님 백성의 대표자라고 할 수 있다. 이 호칭을 예수님이 사용하여, 마치 하나님 나라의 비유처럼 들을 귀 있는 자는 알아듣고 그렇지 않은 사람들에게는 감추는 기능도 하게 되었다고 볼 수 있다(김세윤, 「그 '사람의 아들'(人子)-하나님의 아들」, 두란노 펴냄, 269-270쪽).

이렇게 예수님이 자칭하신 호칭도 다니엘을 인용하셨다면 예수님은 하나님 나라 메시지에서 다니엘을 자주 떠올리셨다고 확신할 수 있다. 바벨론에서 포로생활을 하면서 보여준 다니엘의 지혜와 순결함은 하나님 나라가 가까웠다고 알리는 제자들을 향한 파송사의 뱀 같은 지혜와 비둘기 같은 순결함으로 볼 수 있다. 산상수훈의 핵심 메시지인 빛 된 삶으로 사람들이 하나님께 영광 돌리게 하는 모습을 다니엘이 사자굴에서 나온 후 다리오 왕의 조서를 통해 확인해 볼 수 있다. 모퉁이의 머릿돌을 손대지 않은 돌과 연관시키는 말씀 역시 예수님의 하나님 나라 메시지에서 다니엘을 떠올리게 만든다. 이제 우리는 불순종했던 유대인들과 달리 하나님 나라의 열매 맺는 백성으로 말씀에 합당한 하나님 나라 시민의 삶을 살아야 한다.

C·H·A·P·T·E·R·14

하나님을 위해 **목숨을 걸고**
인내한 모르드개

모르드개는 바벨론에 포로가 되어 간 유다 왕국 출신의 유대인이었다. 에스더서에 등장하는 에스더의 사촌오빠였고 부모와 같은 양육자이기도 했다. 에스더는 페르시아 왕 아하수에로(Xerxes)왕의 왕비가 되었고 에스더서에 나오는 사건들을 통해서 확인할 수 있는 대로 모르드개는 페르시아의 총리가 된다. 총리가 된 모르드개의 행적에 대한 자세한 기록이 없어서 모르드개가 당대의 큰 제국 페르시아의 총리가 된 점을 크리스천들도 잘 모른다.

모르드개가 총리가 된 기록은 마치 요셉이 애굽의 총리가 된 것 같은 느낌이 그래도 드러난다. "유다인 모르드개가 아하수에로 왕의 다음이 되고 유다인 중에 크게 존경받고 그의 허다한 형제에게 사랑을 받고 그의 백성의 이익을 도모하며 그의 모든 종족을 안위하였더라"(에 10:3). 예수님의 말씀 속에서 구약의 총리를 떠올릴 수 있는 부분을 찾아 하나님 나라 실현의 이미지를 찾아보는 세 번째 인물로 페르시아의 총리였던 모르드개를 생각해보자.

보상받지 못해도
인내하여 결실을 맺다

다니엘을 다룰 때 살펴본 대로 예수님은 제자들을 파송하실 때 뱀같이 지혜롭고 비둘기같이 순결하라고 하시면서 어려움이 있지만 인내하라고 말씀하셨다. "또 너희가 내 이름으로 말미암아 모든 사람에게 미움을 받을 것이나 끝까지 견디는 자는 구원을 얻으리라"(마 10:22). 십자가에 달리시기 전에 세상 끝의 징조에 대해 제자들이 질문하자 예수님은 다시 끝까지 견디면 구원을 얻는다고 말씀하신다. "그러나 끝까지 견디는 자는 구원을 얻으리라"(마 24:13). 누가복음의 공관 부분에서는 이렇게 말씀하셨다고 기록한다. "너희 인내로 너희 영혼을 얻으리라"(눅 21:19).

이렇게 견디고 인내하는 사람에게 주어지는 구원의 결실을 말씀하실 때 예수님은 구약의 인물을 여러 사람 생각하셨을 듯하다. 그중 모르드개도 떠올리지 않으셨을까 생각해본다.

바벨론에 포로로 갔던 유대인의 후손인 모르드개는 1차 포로귀환이(BC 537년) 있었으나 귀환하지 않고 남은 유대인의 후손일 것으로 보인다. 페르시아 궁궐의 문에서 일하는 관리로 문지기였거나 혹은 궁궐 문 근처에서 일하던 관리 중 한 사람이었다. 모르드개는 왕의 내시인 문지기 빅단과 데레스가 아하수에로 왕을 암살하려는 음모를 알아채고 반역자들을 고발해서 왕의 목숨을 구하는 공을 세웠다(에 2:21-23).

그런데 아무런 보상이 없었다. 하지만 모르드개는 기다렸다. 무려 8년이 지난 후 어느 날, 아하수에로 왕은 잠이 오지 않아 궁정일기를 읽게 했는데 자신의 살해 음모를 모르드개가 고발한 일은 기록되었으나 그에 대한 보상이 없었던 것을 확인했다. 그래서 모르드개는 나중에 보상을 받았다(에 6:1-14). 특히 모르드개가 뒤늦게 보상받은 이 일은 유대인들이 하만의 흉계로 몰살당할 위기에 처한 상황에서 반전을 모색하는 중요한 계기가 되었다. 에스더의 "죽으면 죽으리라!"는 헌신적 결심과 더불어 모르드개의 보상받지 못했던 인내가 합해져서 결국 하만을 몰락시키고 유다 백성이 구원을 얻게 되었다.

결국 하나님은 페르시아 제국의 한 직장인이 일터에서 제대로 보상받지 못한 억울함을 통해 이렇게 멋지게 역사해주셨다. 일하면서 보상을 제대로 받지 못했을 때 모르드개처럼 기다리는 것도 한 방법이다. 이 세상에서 우리가 한 일들을 다 보상받지는 못한다. 모르드개처럼 나중에 받을 수 있지만 결국 보상받지 못하면 '천국 상급'으로 받을 수 있다. 너무 조급해하지 말고 기다려보는 미덕도 우리에게 필요하다.

이 땅에서 우리가 노력한 만큼 받으면 좋지만 그렇지 못한 경우도 많다. 베드로가 모든 것을 버리고 주님을 따랐으니 무엇을 얻을 수 있는지 질문했을 때 예수님이 하신 말씀을 기억해야 한다. "또 내 이름을 위하여 집이나 형제나 자매나 부모나 자식이나 전토를 버린 자마다 여러 배를 받고 또 영생을 상속하리라"(마 19:29).

세상 사람들 앞에서 목숨을 걸고 하나님을 시인하라

또한 예수님은 마태복음 10장의 말씀에서 세상에서 사람들의 박해를 두려워하지 말고 몸과 영혼을 능히 멸하시는 하나님을 두려워하라고 말씀하셨다. 하나님이 돌보시는 참새도 하나님이 허락하시지 않으면 땅에 떨어지지 않는다면서 이렇게 말씀하셨다. "누구든지 사람 앞에서 나를 시인하면 나도 하늘에 계신 내 아버지 앞에서 그를 시인할 것이요 누구든지 사람 앞에서 나를 부인하면 나도 하늘에 계신 내 아버지 앞에서 그를 부인하리라"(마 10:32-33).

세상에서 하나님을 시인하고 증거하는 용기가 우리에게도 필요하다. 이 말씀에 이어서 예수님은 세상에 화평을 주러 온 것이 아니라 검을 주러 왔다고 하면서 자기 십자가를 지고 예수님을 따르라고 하신다. "자기 목숨을 얻는 자는 잃을 것이요 나를 위하여 자기 목숨을 잃는 자는 얻으리라"(마 10:39). 종말의 시대에 우리는 목숨을 거는 각오로 하나님을 따르고 세상에 하나님을 증거해야 한다. 이렇게 예수님이 하나님 나라와 종말에 대해 말씀하면서 모르드개를 떠올렸을 것이라고 생각한다.

아하수에로 왕의 신하 중에 하만이라는 사람(아말렉 종족 아각의 후손)이 총리에 올랐는데 모르드개는 왕의 명령을 어기고 하만에게 꿇어 절하지 않았다(에 3장). 주변 신하들이 날마다 권해도 듣지 않던 모르드개는 자신이 유대인임을 밝혔다. 사울 왕이 속한 베냐민 지파 사람으로 사울 왕이 아말렉과의 전쟁에서 살리려 했던 아각과는 구원(舊怨)이 있었지만 그보다는 십계명의 1, 2계명을 어길 수 없다는 점을 알린 행동으로 보인다. 유대인으로서 모르드개는 하나님 외에 어떤 다른 존재에게도 절하지 않는 자신의 신앙을 밝혔던 셈이다.

그래서 결국 하만의 복수로 페르시아 제국 내의 유대인이 모두 죽게 되는 비극적 결말을 향해 가게 되었다. 이런 위기를 초래한 모르드개의 행동은 인사조차 제대로 하지 않아서 하만의 미움을 받아 수많은 동족을 위험에 빠뜨렸다고 비난받을 수도 있다. 그런데 그보다 더 중요한 문제는 바로 세상 사람들 앞에서 하나님을 시인한 문제이다. 모르드개는 위험하고 불이익이 감수되는 상황에서도 자신이 하나님만 섬기는 사람임을 분명하게 밝혔다.

모르드개는 왕후가 된 에스더에게 유대인임을 밝히지 말라고 했으나 나중에 하만을 상대하며 몰아붙일 때 결국 에스더도 자기가 유다 민족임을 밝힌다(에 7:4). 이렇게 유다 민족임을 드러내고 하나님만 섬기는 신앙을 가지고 있음을 알리면서 결국 하만의 흉계를 물리치고 그를 나무에 달고 하나님을 대적하는 자들을 처단하는 심판을 시행할 수 있었다. 예수님이 말씀하셨다. "또 자기 십자가를 지고 나를 따르지 않는 자도 내게 합당하지 아니하니라. 자기 목숨을 얻는 자는 잃을 것이요 나를 위하여 자기 목숨을 잃는 자는 얻으리라"(마 10:38-39).

슬픔이 변해 기쁨이 된
부림절의 주인공 모르드개

요한복음 5장 1절에서 말하는 '유대인의 명절'은 부림절이다. 구약 율법에 명시된 절기는 아니고 바로 에스더와 모르드개의 사건에 유래된 절기이다. 드라마 같은 전화위복의 통쾌한 역사를 볼 수 있는 사건이 부림절의 기원이다. '부림'(푸르)이라는 단어는 뽑기를 하는 주사위를 말한다. 하만이 유대인을 다 죽여도 좋다는 학살의 날을 택일하는데 유대력 아달월에 주사위를 던졌고 12월 13일로 택일되었다고 해서 부림절이라고 이름 붙였다.

이 부림절을 지키는 의미에 대해서 에스더 9장 22절이 설명해준다. "이달 이날에 유다인들이 대적에게서 벗어나서 평안함을 얻어 슬픔이 변하여 기쁨이 되고 애통이 변하여 길한 날이 되었으니 이 두 날을 지켜 잔치를 베풀고 즐기며 서로 예물을 주며 가난한 자를 구제하라 하매" 유다 사람들이 대적에게서 벗어나서 평안을 얻었다. 하나님의 샬롬이 임했다. 슬픔이 변하여 기쁨이 되었다. 하나님이 허락하신 기쁨과 행복이 두려워 떨던 사람들에게 은혜로 임했다.

이런 의미를 담고 있는 부림절 명절에 예수님은 베데스다 연못가에서 막연히 천사의 강림을 기다리던 38년 된 병자에게 "일어나 네 자리를 들고 걸어가라"고 치유 이적의 은혜를 베푸셨다(요 5:1-9). 슬픔과 고통이 변하여 기쁨과 구원과 행복이 되었다. 더구나 예수님은 그날이 안식일이어서 유대인들의 반발로 인해 어려움이 생길 것을 알면서도 이 사람을 고쳐주는 일에 주저하지 않으셨다(요 5:16).

"내 아버지께서 이제까지 일하시니 나도 일한다"(요 5:17)고 근거를 제시하면서 더욱 박해를 받고 죽음을 초래하는 일도 마다하지 않으셨다(요 5:18). 하나님은 6일간 세상을 창조하신 후에 안식하셨고(창 2:1-3) 지금까지 계속 안식하고 계신다. 그런데 예수님은 하나님이 어떤 일을 하신다는 것인가? 창조를 마치고 안식하시는데 지금까지 일하신다는 것은 창조의 보존과 유지라는 일을 의미한다. 하나님은 안식하시는 중에도 지금까지 계속 세상을 돌보고 계신다는 의미에서 일하고 계신다.

예수님이 안식일에 38년 된 병자를 고쳐주신 일은 하나님이 안식의기간 중에도 하시는 창조의 보존과 유지하는 일이었다. 따라서 안식일에 병자를 고쳐주시는 일이 문제없다는 말씀이었다. 창조와 안식과 구원의 핵심을 예수님이 "내 아버지께서 이제까지 일하시니 나도 일한다"는 말씀을 통해 알려주셨다.

이렇게 구원과 행복과 축복이 된 모습을 모르드개의 총리 등극이 표현해준다. 모르드개가 결국 하만을 물리치고 그의 자리를 빼앗아 총리가 되었다. 이렇게 기록한다. "모르드개가 푸르고 흰 조복을 입고 큰 금관을 쓰고 자색 가는 베 겉옷을 입고 왕 앞에서 나오니 수산성이 즐거이 부르며 기뻐하고 유다인에게는 영광과 즐거움과 기쁨과 존귀함이 있는지라. 왕의 어명이 이르는 각 지방, 각 읍에서 유다인들이 즐기고 기뻐하여 잔치를 베풀고 그날을 명절로 삼으니 본토 백성이 유다인을 두려워하여 유다인 되는 자가 많더라"(에 8:15-17).

에스더서의 마지막 절은 이렇게 모르드개 총리의 모습을 설명한다. "유다인 모르드개가 아하수에로 왕의 다음이 되고 유다인 중에 크게 존경받고 그의 허다한 형제에게 사랑을 받고 그의 백성의 이익을 도모하며 그의 모든 종족을 안위하였더라"(에 10:3).

총리가 된 모르드개가 페르시아에 있는 유대인들의 이익과 샬롬을 위해 기여한 일은 다른 두 총리들에게서도 발견된다. 요셉은 아버지와 형제들을 애굽의 고센 땅에 거주하게 하여 출애굽할 때 장정만

60만 명에 달하도록 크게 번성시키는 일을 했다(창 47:1-12). 또한 다니엘은 바벨론과 메대, 바사에서 오랜 기간 총리로 지냈고 페르시아 고레스 왕 원년이 될 때까지 정치적 영향력을 미쳐서 포로 귀환에 기여했다(단 1:21, 6:28).

그렇다고 다른 두 총리와 모르드개가 유다 민족만을 위한 총리였던 것은 아니다. 모르드개는 페르시아 제국의 모든 사람들을 위해 애쓰고 그들의 복지를 위해 노력했다. 아브라함에게 주신 하나님의 언약이 당연하게 떠오른다. "너는 복이 될지라. …땅의 모든 족속이 너로 말미암아 복을 받을 것이라"(창 12:2-3).

하나님 나라에 대해 말씀하시고 병자 치유를 통해 하나님 나라를 보여주신 예수님이 페르시아의 총리가 된 모르드개를 떠올리셨을 듯하다. 모르드개는 힘든 상황 속에서도 인내하며 견뎌냈다. 박해하는 사람들 앞에서 하나님을 부인하지 않고 하나님의 하나님 되심을 시인하고 자신을 희생하며 증거했다. 그러자 하나님의 놀라운 구원 역사가 일어났다. 고통과 슬픔이 기쁨과 행복으로 뒤바뀌며 하나님 나라의 대적자들이 오히려 멸망하는 하나님의 역사가 일어났다. 이런 놀라운 일을 통해 페르시아 제국에도 하나님 나라가 임하는 구체적인 모습을 보여주었다. 모르드개는 총리로 페르시아를 통치하며 하나님 나라를 보여주었다. 우리도 모르드개와 같이 인내하고 하나님을 시인하며 용기 있게 결단해야 하지 않겠는가?

이스라엘아 들으라. 우리 하나님 여호와는
오직 유일한 여호와이시니 너는 마음을 다하고 뜻을 다하고
힘을 다하여 네 하나님 여호와를 사랑하라. 신 6:4-5

PART · 5

일터에서
만나는
하나님 나라

어떻게 **일터에 하나님 나라**가
임하게 할 것인가?

복음서는 예수 그리스도의 전기가 아니다. 십자가 죽음과 부활을 통한 구속 사역에 대한 기록이 전체 분량의 3분의 1이나 되는 독특한 장르, '복음'이라고 할 수 있다. 각 복음서가 예수님의 십자가 사역을 기록하는 장면은 중요하고 특징적인데 특히 십자가로 가는 길에 한 사람에 관한 일을 누가복음에서 볼 수 있다. '삭개오의 회심'이다. 삭개오와 비교되는, 부자 관리나 시각장애인 바디매오를 공관복음서 기자들이 동일하게 기록하고 있지만 이 삭개오의 회심사건은 누가만 기록하고 있다. 이방인 청중을 위해 서신서를 썼던 누가는 이 사건이 참 중요하다고 보았기에 자세히 미루어 살펴서(눅 1:3) 기록했을 듯하다.

전적인 상상이지만 만약 세례 요한이 좀 더 오래 살았다면 세례

받으러 온 세리나 군인들 같은 직업인들이 "우리는 무엇을 하리이까?"라고 질문했을 때 이렇게 대답했을 듯하다. "여리고 세무서장 삭개오를 보고 배우라!" "부과된 것 외에는 거두지 말라. …사람에게서 강탈하지 말고 거짓으로 고발하지 말고 받는 급료를 족한 줄로 알라"(눅 3:13-14)고 주로 재정적 측면에서 조언했던 대답이 삭개오의 회심 후의 행동으로 완벽하게 설명되고 있다. 하나님 나라를 일터에 임하게 하는 삶을 살아야 할 우리 직업인들에게 삭개오의 회심 사건이 어떤 중요한 의미를 주는지 살펴보자.

'부자 낙타' 삭개오, 바늘귀를 통과하다

예수님 당시 팔레스타인은 로마의 압제를 받는 식민지 상황이었다. 빈부격차가 심했고 부자들의 횡포가 심했다. 정치인, 경제인들뿐만 아니라 종교인들도 불의한 부를 엄청나게 형성하고 있던 상황이었다. 당시 부자들의 모습을 예수님의 입을 빌어 누가가 표현해준다. 긴 옷을 입고 회당의 높은 자리, 잔치의 윗자리를 좋아하는 서기관들이 과부의 가산을 삼키고 외식으로 길게 기도한다고 비난하셨다(눅 20:45-47). 당시 과부들은 남편이 죽어도 유산을 받지 못했다. 그 재산을 갈취하는 사람들이 종교인들, 즉 서기관(바리새인들이 다수)들이었다는 것이다. 예수님은 헌금으로 부자와 과부를 비교하며 많은 돈을 헌금한 부자들보다 가난해서 생활비 전부를 바친 과부의 적은 헌금이 더 의미 있다고 평가하기도 하셨다.

이런 식으로 가난한 사람들을 착취해서 자신의 부를 늘린 대표적인 사람들이 바로 세리였다. 그런데 다른 두 지역보다 노른자위 지역이랄 수 있는 여리고 지역의 세무공무원 중 우두머리였던 삭개오가 회심했다. 그의 회심은 지갑의 회심, 금고의 회심이었다. 자기 재산의 절반을 가난한 자들에게 주고 속여 빼앗은 것은 네 배로 갚겠다고 했다(눅 19:8).

율법 규정에 따르면 보통 도둑질에 대한 상환은 훔친 물건에 20퍼센트를 얹어서 보상했다(레 5:16, 민 5:7). 그런데 가축 도둑에게는 양은 네 마리로, 소는 다섯 마리로 갚도록 규정했다(출 22:1). 이같은 율법을 참고하여 삭개오는 네 배를 갚겠다고 했을 듯하다. 율법의 엄한 형벌을 따르겠다고 적용한 셈이다. 삭개오는 전혀 예상하지 못한 예수님의 환영을 받고 예수님을 믿게 되자 인생에서 가장 중요하던 돈이 하찮아졌다. 이런 회심의 증거를 보고 예수님은 선언하셨다. "오늘 구원이 이 집에 이르렀으니 이 사람도 아브라함의 자손임이로다. 인자가 온 것은 잃어버린 자를 찾아 구원하려 함이니라"(눅 19:9-10).

예수님이 이 구원을 위해 지금까지 달려오시지 않았는가? 이제 여리고를 통해 예루살렘으로 올라가시는 마지막 여행길이었다. 십자가에서 구원받은 한 강도가 있긴 하지만, 십자가에 달리시기 전 마지막 회심자가 바로 여리고 세무서장 삭개오였다. 바디매오보다 조금 뒤에 회심했다. 이 삭개오가 누가의 관점에서 참 중요한 사람이었다. 이방인들, '데오빌로 각하'라고 하는 이방인 회심자에게 복음을 적어 보내면서 구원을 잘 설명하기 위해서 특별히 소중하게 기록한 사건이 바로 삭개오 이야기였다.

또한 삭개오는 부자 관리가 실패한 구원받은 부자라는 점이 중요하다. 예수님은 재물 있는 자는 하나님 나라에 들어가기가 얼마나 어려운지 낙타가 바늘귀로 들어가는 것이 부자가 하나님 나라에 들어가는 것보다 쉽다고 하셨다(눅 18:24-25). 그러니 삭개오는 바늘귀로 하나님 나라에 들어간 '부자 낙타'였다. 삭개오가 평생 추구하던 그 돈을 포기하니 하나님 나라에 들어갈 수 있었다. 물론 예수님을 믿었으니 가능했던 일이다.

희년의 성취로 이루어지는
하나님 나라

이 삭개오의 회심사건이 하나님 나라에 들어가는 일, 예수님이 십자가의 죽음과 부활을 통해 이루시고자 하는 그 사역과 연관해 어떤 중요성을 갖는지 누가의 관점에서 생각해 볼 수 있다.

그 해답이 바로 예수님이 시험받은 후 첫 번째 말씀을 전하셨다고 누가가 기록하는 나사렛 회당에서 일어났다. 특히 예수님은 이사야 61장 1~2절을 인용해서 말씀하셨다(눅 4:17-19). 이 부분은 마태와 마가가, 예수님이 입을 열어 가르침을 시작하시면서 "회개하라. 하나님 나라가 가까이 왔다"고 선언한 것에 대한 누가의 확대 세밀 묘사 기록이라고 볼 수 있다. 하나님 나라 선포를 시작하신 의미를 누가는 해설을 곁들여 설명하고 있다.

"선지자 이사야의 글을 드리거늘 책을 펴서 이렇게 기록된 데를 찾으시니 곧 주의 성령이 내게 임하셨으니 이는 가난한 자에게 복음을 전하게 하시려고 내게 기름을 부으시고 나를 보내사 포로 된 자에게 자유를, 눈먼 자에게 다시 보게 함을 전파하며 눌린 자를 자유롭게 하고 주의 은혜의 해를 전파하게 하려 하심이라 하였더라"(눅 4:17-19).

'주의 은혜의 해'는 바로 '희년'(禧年, Jubilee)을 말한다. 희년은 우리에게도 익숙한 유대인들의 7이라는 주기와 관계되어 있다. 유대인들은 하나님의 창조 패턴에 따라 6일간 일하고 7일에 안식하는 한 주간을 살아간다. 6년간 일하고 7년째는 안식하는 안식년제도가 있다. 그리고 7년의 안식년이 일곱 번 도는 주기를 마친 해(49년 혹은 50년째)에 희년제도를 가지고 있다.

안식년과 희년에는 어떤 일이 있었는가? 팔았던 땅을 돌려받고 이자를 탕감받고 노예가 해방되었다. 이런 해방과 자유와 용서와 회복이 바로 희년의 의미였다. 이것이 바로 메시아의 희망, 인류의 구원, 하나님의 아들 예수님을 믿어 구원받고 하나님 나라의 백성이 되는 것을 말한다. 주일에 우리가 누리는 안식과 회복과 주를 찬양하는 예배와 교제가 바로 이런 안식일, 안식년, 희년의 의미 속에 담겨있다.

본래 이사야 61장 2절은 은혜의 해와 더불어 '우리 하나님의 보복의 날'을 선포한다. 본래 심판이라는 것이 의인에게는 자유와 은혜를, 악인에게는 징벌과 보응을 공정하게 내리는 것이다. 그런데 예수님은 은혜의 해를 말씀하시면서 하나님의 보복에 대해서는 말씀하시지 않았다. 나사렛 회당에서 이 말씀을 들은 사람들은 이런 예수의 선포가 불온하다고 보았을 것이다. 이제 선택받은 이스라엘 백성의 시대는 끝나고 희년 왕국이 온 인류에게 열려서 더 이상 선택받은 유대인 프리미엄이 없어졌다고 본 것이다.

누가복음 4장 23절 이후에 보면 예수님이 그렇게 말씀하셨다. 엘리야와 엘리사시대에 있었던 일에 대해서, 이스라엘 많은 과부 중에 이방 시돈 땅 사렙다 과부에게만 엘리야가 갔다는 예, 이스라엘에 많은 한센병 환자가 있었지만 이방인 수리아 사람 나아만만 고침받았다는 예를 말씀하셨다. 이것은 엘리야나 엘리사와 같은 선지자로 이 땅에 오신 예수님이 이방인들에게 더 관심을 가지겠다는 뜻이었다. 그러자 나사렛 회당 사람들이 예수를 동네 밖으로 끌어내고 낭떠러지까지 끌고 가서 밀쳐 떨어뜨리려고 했다(눅 4:28-29).

결국 하나님의 의도는 분명했다. 예수님의 구원은, 임하게 된 하나님 나라는 희년 왕국이면서 유대인들만이 아니라 세상 모든 사람에게 열린 은혜의 나라였다. 물론 유대인이 열방의 빛으로 부름 받았지만 유대인만의 나라는 결코 아니었다. 예수님의 이런 의도를 나사렛 사람들은 수긍하기 힘들었다. 그들은 유대인들만의 나라에서 자신들만 회복되고 은혜를 얻기 원했다.

이 희년을 통해 하나님 나라의 구원 개념의 발전 과정을 확인할 수 있다. 에덴동산은 하나님의 '창조'를 보여주었다. 이스라엘 사람들이 애굽에서 압제받은 상황은 '타락'을 보여준다. 출애굽을 통해 구원받은 역사는 '구속'을 잘 설명해준다. 이제 희년을 통해 하나님 나라의 '완성'을 추구할 수 있다.

이 희년의 의미는 구약 율법의 배경이 그렇듯이 출애굽과 연결되어 있다. 예를 들어 희년에는 노예를 해방시키는데, 자유를 주어서 내보낼 때는 빈손으로 내보내지 말라고 한다. 양 떼와 타작마당에서 거둔 것과 포도주 틀에서 짜낸 것을 그에게 넉넉하게 주어서 내보내야 한다(신 15:13-14). 왜 그렇게 넉넉하게 자비를 베풀어야 했는가? 차고 넘치는 선행을 베풀어야 하는 이유는 바로 그들이 경험한 구원의 은혜였다. "곧 네 하나님 여호와께서 네게 복을 주신대로 그에게 줄지니라. 너는 애굽 땅에서 종 되었던 것과 네 하나님 여호와께서 너를 속량하셨음을 기억하라. 그것으로 말미암아 내가 오늘 이같이 네게 명령하노라"(신 15:14-15). 이 율법 규정이 희년의 특징을 잘 보여준다. 하나님이 나를 구원해 주셨다는 구원과 해방에 대한 자연스럽고 기쁨에 넘치는 응답이 바로 희년의 규정이었다.

예수님은 이 희년을 선포함으로 구원을 보여주셨다. 그래서 누가는 그의 청중에게 복음서를 쓰면서 예수님이 경제적인 측면에 상당한 관심을 기울이고 경제적 회개를 하나님 나라와 연결시키고 있다는 점을 강조하고 있다.

탐욕을 포기하여
하나님 나라가 임하게 하라

예수님이 하나님 나라를 선포하며 비유를 중심으로 하나님 나라의 비밀을 알려주신 내용을 앞에서 나눌 때 몇 가지 비유를 우리가 다루었다. 씨를 뿌리는 자의 비유에서 "이생의 염려와 재물과 향락에 기운이 막혀 온전히 결실하지 못하는 자"(눅 8:14), 즉 경제적인 문제로 인해 시험에 드는 것, 탐욕을 포기하라고 강조하셨다. 이런 재물과 그에 대한 욕심, 우리가 경제적 삶을 살면서 어떻게 하기 힘든 부분에 대해서 누가복음은 여러 차례 반복해서 예수님의 입을 통해 가르침을 주고 있다. 바로 희년의 삶을 적용하여 하나님 나라 시민의 삶을 살도록 권면하셨다.

예수님은 재물이 염려를 낳는다는 사실을 잘 아셨다. 돈을 많이 가진 사람은 그것을 지키느라 밤잠을 못 잔다. 그래서 예수님은 하나님 나라 백성으로 희년의 삶을 살아야 하는 제자들은 먹을 것과 입을 것에 대해서 염려하지 말라고 가르치신다(눅 12:29-34). 재물로 근심하고 생각의 많은 부분을 소비하지 말라고 하신다. 하나님이 그 나라를 주시기를 기뻐하신다. 소유를 팔아 자선을 베풀고 스스로를 위해 낡아지는 주머니를 만들지 말고 하늘에다 없어지지 않는 재물을 쌓아두라고 하셨다. 이것이 바로 희년의 원리이다.

또 재물은 우리의 눈이 멀게 만들기에 조심하라고 예수님은 가르치신다. 부자와 거지 나사로의 비유를 우리 주 예수님이 말씀하셨다(눅 16:19-31). 부자라고 해서 다 탈세했거나 불의를 저질러서 돈을 벌지는 않았을 것이다. 정당하게 벌었을 수도 있고 유산을 받았을 가능성이 크다. 그런데 재물은 그저 하늘에서 떨어지는 것이 아니라 수많은 사회적 규칙의 통제를 받고 여러 사람과의 관계를 통해서 획득되고 사용된다. 재물이 본래부터 악한 것이 아니지만 돈을 버는 과정에서 위험성을 초래할 수 있고 사용하면서도 여러 부작용이 생길 수 있다.

비유 속의 부자는 사치에 눈이 멀어서 거지 나사로를 제대로 돌보지 않았다. 자기 집 앞에서 끼니를 해결하는 병든 거지 나사로는 이 부자와 관계없는 존재가 아니다. 결국 사치와 욕심으로 눈이 멀어 나사로를 제대로 보지 못한 부자는 희년의 원리를 부정했다. 그의 종말이 나사로보다 훨씬 더 비참했다. 건너올 수 없는 구렁텅이 속에서 물 한 방울만, 손가락으로 찍어서 혀를 좀 서늘하게 해달라고 간청한다.

부자의 이기성이 극치를 달리며 자기 한계의 테두리를 벗어나지 못한다. 지옥에 있어 보니 거기 가족이 오면 안 되겠으니 나사로를 다시 살려서 '내 형제 다섯'이 여기 들어오지 않게 알려달라고 부탁한다. 그저 관심이 내 가족, 내 혈육에 머물러 있는 모습을 예수님이 지적하신다. 그러나 부자의 요구는 거절당한다. 이미 모세와 선지자들 통해서 듣고 있었을 테니 그런 걱정하지 말라고 하나님은 부자의 넓은 오지랖을 책망하셨다. 모세와 선지자를 통해 듣는 것이 무엇인가? 그 부자와 형제들은 안식년과 희년법에 대해서 회당의 안식일 집회에서 늘 듣고 알 수 있었다. 그 말씀을 제대로 안 들었으니 기회가 없다고 책망하셨다.

도널드 크레이빌과 로널드 사이더를 인용해 탐 샤인이 말한다. 회심한 크리스천은 세상의 기준과 정반대의 경제생활을 한다. 예수님은 제자들에게 희년 모델을 새로운 경제생활 방식으로 제시하셨다. 희년의 실천은 사람들과 나누면서 하나님께 받은 큰 사랑에 응답하는 방식으로 이해할 수 있다. 희년에 대한 성경적 전제는 하나님이 온 세상의 주인이라는 사실이다. 모든 것의 주인이신 하나님이 우리의 소유와 사용에 제한을 두시는 방식은 구체적으로 사회적 약자를 돌보는 의무라고 보았다(탐 샤인, 「하나님 나라를 이루는 제자도」, 터치북스 펴냄, 104-105쪽).

이 부자와 나사로 비유가 누가복음에만 나오는 것처럼, 누가의 특별한 관점이 계속된다. 재물에 대한 욕심은 희년 왕국, 하나님 나라에 지장을 준다. 돈은 우리의 눈을 멀게 하는 것뿐만 아니라 돈을 하나님처럼 섬기게 만든다. 돈 신, 맘몬 신을 섬기게 한다. 누가복음 16장 1~13절에서 불의한 청지기의 비유를 말씀하시는데 이 비유의 결론만 봐도 예수님의 의도를 알아차릴 수 있다. "집 하인이 두 주인을 섬길 수 없나니 혹 이를 미워하고 저를 사랑하거나 혹 이를 중히 여기고 저를 경히 여길 것임이니라. 너희는 하나님과 재물을 겸하여 섬길 수 없느니라"(눅 16:13). 재물은 하나님과 같은 존재가 아니지만 사람이 그렇게 섬길 수 있다. 우리는 세상 사람들처럼 돈을 하나님같이 섬기지 말아야 한다.

그뿐만 아니라 이 탐욕은 저주와 재앙을 불러온다. 누가복음 12장 13~21절에 나오는 한 부자의 비유이다. 형제간의 유산 다툼에 대해서 예수님이 답을 주며 하신 비유이다. 그들에게 명시적으로 지적하신다. "삼가 모든 탐심을 물리치라. 사람의 생명이 그 소유의 넉넉한 데 있지 아니하니라"(눅 12:15). 이어지는 예수님의 비유 속의 부자는 자기를 매우 중요하게 여긴다. 17절부터 19절에 자기 자신을 무수하게 내세운다. '나, 오직 나만의' 행복한 삶이 이 사람의 유일한 관심사였다. 다른 사람을 위한 어떤 배려나 관심도 없다. 그런데 극악무도한 나쁜 부자가 아니었다. 전형적인 상류층 부자였을 것이다. 미래를 위해 확고한 투자를 계획하고 사업의 확장을 모색했으며 게으른 부자도 아니었다.

그런데 하나님이 그 생명을 거두어 가셨다. 이건 저주의 죽음이었다. 그 이유를 21절에서 말씀하신다. 이 부자는 자기를 위해서는 부자였지만 하나님께 대해서는 부유하지 못했다. 자신의 이기적 욕심을 채우느라 하나님께 너그럽지 못했다. 그런데 하나님은 그 부자의 돈을 탐내시지 않는다. 어떻게 하기를 바라셨을까? 바로 희년정신이다. 하나님 나라를 세워가는 부자의 바람직한 행동을 바라셨다. '나'의 획 하나만 바꾸어 '너'를 좀 생각했으면 좋았는데 그러지 못했다는 점이 아쉽다.

누가복음에서 특히 재물에 대한 가르침을 예수님이 주셨는데, 이렇게 희년을 제대로 실천하지 못한 대표적인 사람이 바로 부자 관리였다. 그는 계명을 다 지켰다고 자부했는데 결국 이웃을 향한 사랑을 베푸는 부자가 되지는 못했다. 그 돈을 포기하고 하나님 나라에 쌓아두라는 예수님의 말씀을 받아들이지 못해 근심만 하고 돌아갔다. 그는 눈이 멀어서 제대로 못 보는 사람이었다. 결국 "하나님이냐 재물이냐"(마 6:24), 양자택일에서 재물을 택했고 바라던 영생을 얻지 못하고 말았다.

그런데 예수님을 만나 눈을 뜨고 예수님을 길에서 따르면서 새로운 인생을 시작한 바디매오처럼 제대로 바라본 한 사람이 있었다. 희년의 원리, 하나님 나라의 원칙을 실천한 그는 바로 삭개오였다. 이 사람의 이름 뜻이 '의로운 자, 정직한 자'이다. 자신의 이름 뜻을 회복한 사람이다. 결국 물질에 대한 태도와 행위를 바로 가지면 믿음을 이해하기가 쉽다. 예수님을 만난 지 얼마 되지 않아 신앙의 토대는 빈약했어도 희년을 긍정하고 예수님의 하나님 나라 건설의 의도를 이해한 삭개오는 구원에 이른다(눅 19:9-10).

하나님을 믿어 구원받는 체험은 이렇게 사회적 정의, 경제 정의와 무관하지 않다. 누가복음의 저자 누가가 이 사실을 강조하며 하나님 나라를 설명하고 있다. 바늘귀로 하나님 나라에 들어간 '부자낙타' 삭개오가 그래서 누가복음에서 독특하고 중요하다. 왕이신 예수 그리스도의 통치를 받으며 살기로 결단하는 삶이 바로 경제문제에서 분명하게 드러나야 한다. 삶의 열매는 도덕적인 부분에서 드러나는데 재정에 관한 부분이 큰 비중을 차지한다. 따라서 우리도 삭개오가 보여준 바늘귀로 들어가는 낙타와 같은 희년의 삶을 실천해야 한다.

> C·H·A·P·T·E·R·16
> # 일터와 일상에서 체험하는
> ## 하나님 나라

어느 날, 바리새인들이 하나님 나라가 어느 때에 임하는지 물었다. 그러자 예수님이 대답하셨다. "하나님의 나라는 볼 수 있게 임하는 것이 아니요 또 여기 있다 저기 있다고도 못하리니 하나님의 나라는 너희 안에 있느니라"(눅 17:20-21). 하나님 나라는 미래적이지만 예수님의 오심 이후에는 현재도 이 땅에 존재한다. 하나님 나라의 모습 중 특히 직업인들이 이해하기 좋은 말씀을 해주셨다. 일찍이 목수로서 건축 분야의 비즈니스를 경험하신 예수님이 하나님 나라에 대해서도 일하는 사람들이 쉽게 이해할 만한 설명을 하셨다. 그것에 귀를 기울여 보면 우리가 하는 일의 중요성과 하나님 나라에 대한 이해를 분명하게 할 수 있다. 우리가 오늘 하는 일이 새로운 의미로 다가올 수도 있으리라 기대해 본다.

하나님 나라는 다스림이다
리더십을 훈련하라

　　　　　장차 이 땅에 임하게 될 하나님 나라, 즉 새 하늘과 새 땅은 어떤 모습일까? 세상이 새롭게 되어 예수님이 온 세상을 심판하실 때, 예수님을 따르는 사람들은 예수님과 함께 세상을 다스릴 것이라고 말씀하셨다. "예수께서 이르시되 내가 진실로 너희에게 이르노니 세상이 새롭게 되어 인자가 자기 영광의 보좌에 앉을 때에 나를 따르는 너희도 열두 보좌에 앉아 이스라엘 열두 지파를 심판하리라"(마 19:28).

　여러 해석이 있을 수 있지만 보좌에 앉아 심판하는 것은 바로 '리더십'에 대한 묘사가 아닌가? 예수님의 이 분명한 말씀 속에서 우리가 하나님 나라에서 할 일이 무엇인가 중요한 단서를 발견할 수 있다. 기본적인 천국의 이미지는 질병도 없고 고통도 배고픔도 없고 미움도 없고 죽음도 없는 곳이다. 그 많은 것들이 다 걱정거리인데 천국에는 이런 걱정거리도 없다.

　어린 시절에 본 만화영화 〈은하철도 999〉가 당시 이해했던 것보다 훨씬 복잡한 내용을 가지고 있는데 한 가지는 선명하게 기억난다. 주인공 철이가 기차를 타고 목적지에 도착했는데 '천국'일 것이라고 기대한 그곳의 삶은 정말 무기력하고 따분했다. 빌딩이 무너져도 사람들이 피하지 않는 이유를 물으니 죽지도 않을 건데 뭣 때문에 피하느냐고 한다. 천국은 과연 그런 곳일까? 아마도 그렇지는 않을 듯하다.

장차 임할 하나님 나라에 대해 예수님이 말씀하시는 중요한 일 하나가 천국에 반드시 있는데 그것은 바로 '다스림'이다. 리더십이란 결코 무료한 일이 아니다. 긴장감을 늘 느끼며 일하고 밀고 당기며 흥분되고 만족감이 밀려오는 재미있는 일이기도 하다. 좌절과 실패가 있긴 하지만 그것도 흥미 있고 자극을 준다.

누가복음 22장 30절에서도 "너희로 내 나라에 있어 내 상에서 먹고 마시며 또는 보좌에 앉아 이스라엘 열두 지파를 다스리게 하려 하노라"고 말씀하셨다. 하나님 나라에서 우리가 할 일 두 가지 중 하나가 보좌에 앉아(리더십을 가지고) 이스라엘 열두 지파를 다스리는 일이라고 하셨다.

여기서 '열두 지파'가 무엇인가? 이것은 하나님 나라 사람들이거나 혹은 보다 넓은 개념의 사람들을 의미하는 표현일 수도 있다. 우리가 미래에 이루어질 새 하늘과 새 땅의 모습에 대해서 확실하게 단정할 수 있는 것은 별로 없다. 하지만 개략적으로 알 수 있다. 하나님 나라에서 할 일을 '다스림'이라고 묘사하시는 예수님 말씀을 신뢰한다면 우리가 상상해 볼 수 있다. 장차 임할 새 하늘과 새 땅에도 조직이 있고 리더십이 존재할 것이다. 사람들 사이의 관계에서나, 확대하면 하나님이 본래 창조하셨던 상태의 모든 피조물에 대한 다스림(창 1:28)이 있을 것이라고 생각할 수 있다.

우리가 미래의 영역에 대해서 확실하게 단정할 수 있는 것은 거의 없다. 하지만 개략적으로 알 수 있다. 천국을 '다스림'이라고 묘사하기 때문에 상상해볼 수 있다. 이 우주를 잘 아는가? 아직도 우주는 생성 과정뿐만 아니라 그 크기도 정확히 밝혀지지 않았다. 우주에서 그야말로 한 점에 불과한 우리의 태양계에 대해서도 아직 밝혀지지 않은 것이 많다. 지구의 둘레는 40,192km이고 지름이 12,732km인데, 태양계 밖의 캐니스 메이저리스라는 별의 지름은 28억km라고 한다.

천문학계는 아직 우주의 정확한 크기를 잘 모르고 있다. 우주의 나이가 140억 년쯤 된다고 추정하기도 하니 우주의 반지름도 140억 광년이라는 단순 논리도 있고, 더 클 것이라는 주장도 있다. 우주의 반지름을 140억 광년으로 가정하면 우주 안에는 천억 개의 은하가 있을 것이라고 추정된다. 은하는 우리의 태양계보다 훨씬 큰 공간이다. 한 은하 내에 별이 평균 2천억 개가 있다. 별의 사이는 빛의 속도로 3년, 우주선으로 3만 년을 가야 한다. 그런 별이 한 은하에 2천억 개이고 은하는 천억 개쯤이니 이 숫자를 어떻게 실감 나게 제대로 이해할 수 있는가? 장차 임할 하나님 나라에서 행사하게 될 리더십이 바로 이런 우주의 광활함과 관계있는 것은 아닌지 막연하지만 충분히 상상해볼 수 있다.

이렇게 장차 임할 하나님 나라가 리더십과 관계가 깊으니 오늘 우리는 일하면서 리더십을 훈련해야 한다. 하나님을 믿는 사람들이 이 세상에서 일하면서 훈련하는 리더십은 이 세상에서만 유효한 것이 아니라 하나님 나라에서도 이어진다는 점은 분명하다. 천국을 직접 갔다가 왔다는 사람들의 이야기는 오늘도 계속되고 있지만 정확한 사실은 잘 모른다. 하지만 예수님이 이 땅에 계실 때 하셨던 말씀에 나타나는 하나님 나라의 이미지는 천국에 다녀왔다는 사람들의 일치하지 않는 체험담보다 훨씬 더 분명하지 않은가? 천국에는 분명하게 다스림이 있다. 비즈니스 현장에서 일하면서 우리가 체험하는 리더십은 천국에서 할 일을 예습하는 셈이다. 진정한 리더십은 지위에서 나오는 권위가 아니라 영향력이라는 견해가 지지를 얻는데 바로 그런 영향력을 우리는 오늘도 일하면서 훈련할 수 있다.

하나님 나라는 파는 행위, 비즈니스를 훈련하라

예수님은 사역을 시작하실 때 하나님 나라에 대해 선포하셨다. "회개하라. 천국이 가까이 왔느니라"(마 4:17). 하나님 나라를 사람들에게 전파하기 위해 말씀도 전하셨고 직접 하나님 나라의 모습을 보여주시기도 했다. 병자들을 고쳐주시며 하나님 나라가 질병과 고통이 없는 곳임을 알려주셨다. 귀신 들린 사람을 고쳐주시며 천국은 사탄이 다스리는 나라가 아니라 하나님이 통치하시는 나라임을 보여주셨다. 오병이어 이적과 같이 많은 무리를 배부르게 먹이신 일을 통해 천국이 풍요롭고 부족함 없는 곳임을 알려주셨다.

이렇게 하나님 나라를 선포하고 보여주신 예수님은 '비즈니스'라는 이미지도 사용하셨다. 마태복음 24장에서 예수님은 충성되고 지혜 있는 종에게 모든 소유를 맡긴다고 말씀하셨다. "충성되고 지혜 있는 종이 되어 주인에게 그 집 사람들을 맡아 때를 따라 양식을 나눠 줄 자가 누구냐. 주인이 올 때에 그 종이 이렇게 하는 것을 보면 그 종이 복이 있으리로다. 내가 진실로 너희에게 이르노니 주인이 그의 모든 소유를 그에게 맡기리라"(마 24:45-47).

여기서 맡긴다는 의미는 '책임'을 강조한다. 충성되고 지혜롭게 집안의 사람들을 맡아 때를 따라 양식을 나눠주는 일은 리더십이기도 하지만 기본적으로 비즈니스이다. 종에게 주인이 무엇을 맡기는가? '그의 모든 소유'를 맡긴다고 하신다. 돈을 포함한 인생의 모든 자원을 맡긴다. 돈을 맡기는 것은 수익을 위한 투자이다. 이것은 비즈니스의 기본 개념이다. 파는 행위, 즉 비즈니스를 통해 가능하다. 주인이 자신의 소유를 다 투자해 수익을 얻기 원하는 활동이 하나님 나라에서 있을 것이라고 예수님은 암시하신다.

우리 집 딸아이가 막 세 돌이 되어갈 때니 꽤 오래전의 일이다. 딸아이는 자기가 돈을 벌어서 예쁜 구두를 사주겠다고 제 엄마에게 말했다. 감격한 아내가 물었다.

"어떻게 돈을 벌건데?"

그랬더니 전혀 주저하지 않는 딸의 대답이 이랬다.

"책 파야서"(="책 팔아서").

당연하다면 당연한 대답이었다. 당시 아빠가 출판사에서 책 만들면서 책 파는 사람이었으니까 우리 집 아이들은 책 파는 일이 돈 버는 방법이라고 생각했다. 공휴일에 몇 차례 행사장에서 책을 판매하는 곳에 데리고 갔던 적이 있었다. 꼬마 아이들이 보니 책을 팔아 돈을 받고 모자라는 책들을 진열해놓고 하는 일이 신기하고 좋았을 듯하다. 우리 집 아이들은 그때 소꿉놀이로 책 파는 놀이를 하곤 했다.

우리는 일하면서 우리의 능력으로 유무형의 물건과 서비스를 만들어낸다. 그것을 필요로 하는 사람에게 제공하여 유익을 주고 우리는 수입을 얻는다. 이런 의미에서 우리 인생은 장사 즉 비즈니스를 하는 것이 틀림없다. 나는 목사로 살고 있지만 '파는 일'이 인생에서 매우 중요하다는 점을 수긍하고 있다.

누가복음 18장에서도 예수님은 비즈니스와 관련된 하나님 나라의 모습을 설명하신다. 영원한 생명을 얻기 위해 찾아온 한 관리에게 예수님이 말씀하셨다. 하나님 나라에 들어가기 원한다면 가진 모든 것을 '팔아' 가난한 자들에게 주고 나를 좇으라고 하셨다. 여기서 그 부자 공무원에게 가지고 있는 재산을 다 '기부'하고 예수님을 좇으라고 한 것이 아니라 '팔아' 가난한 자들에게 나누어주라고 하셨다. 파는 일이 바로 비즈니스 아닌가? 또한 그렇게 재산을 팔아 얻은 돈을 가난한 사람들에게 나누어주는 것은 재산의 사회 환원을 의미한다. 오늘 우리 사회에서 기업들이 공익재단을 세워서 하는 일이다. 이런 기업 활동이 바로 하나님 나라의 모습을 말해준다.

이런 비즈니스를 잘 감당하면 얻을 상이 있다. "그리하면 하늘에서 네게 보화가 있으리라"(눅 18:22). 이런 상을 얻기 위해서 오늘 우리는 우리의 일터에서 우리의 비즈니스를 감당한다. 예수님은 우리에게 하나님 나라 잔치에 참여하고 다스리는 특권을 누리기 위해서는 이 땅에서 비즈니스를 제대로 감당하라고 분명하게 말씀하신다. 그런데 가진 것을 다 팔아 가난한 사람들에게 나누어주고 예수님을 좇으라고 권면 받은 부자 관리는 근심하면서 돌아갔다.

우리도 우리 인생에 대한 근본적인 관심과 비전을 하나님 나라에 맞추어야 한다. 시간과 재능과 재물과 인생의 모든 것을 하나님 나라를 위해 팔겠다는 각오로 인생의 우선순위를 하나님 나라에 두는 삶을 살도록 늘 애써야 한다.

하나님 나라는 식사와 잔치, 일상에서 체험하라

철학이나 사회학 분야에서, 사람들이 먹고 마시고 잠자고 놀고 일하는 일상의 삶에 대한 관심을 표현한다. 신학 분야에서도 일상생활의 신학이 대두되었다. 종교적인 삶이 중요하지만 주중에 세상에서 사는 일상의 삶 역시 중요하다는 바람직한 생각을 하게 되었다.

하나님 나라에 대해서 복음서가 묘사하는 특징 중 하나도 바로 먹고 마시는 일상의 삶이다. 예수님이 베푸신 식탁에서 함께 먹고 마시는 일이다. 위에서 살펴본 누가복음 22장 30절을 다시 보면 제자들이 장차 임할 하나님 나라에서 예수님의 상에서 먹고 마신다고 말씀하신다. "너희로 내 나라에 있어 내 상에서 먹고 마시며 또는 보좌에 앉아 이스라엘 열두 지파를 다스리게 하려 하노라."

우리가 하루도 빼놓지 않고 하는 식사의 자리를 예수님이 하나님 나라의 한 모습으로 분명하게 언급하셨다. 이것이 참 중요하다. 예수님이 공생애를 보내실 때 하신 중요한 일도 식사하시는 것이었다. 예수님은 이런 별명으로 불리며 비난받으셨다. "먹기를 탐하고 포도주를 즐기는 사람이요 세리와 죄인의 친구"(눅 7:34). 먹는 것을 얼마나 중하게 여기셨으면, 그분이 식탁에 앉아있는 것을 사람들이 얼마나 자주 봤으면 그런 별명을 붙였겠는가? 그런데 예수님은 그럴듯한 사람들, 고관대작들과 비싼 음식을 드신 것이 아니었다. 당시 랍비들은 상대도 하지 않던 사람들을 주로 만나셨다. 그중에는 세리와 창기도 있었다.

이런 식탁 교제를 통해서 예수님은 하나님 나라의 모습을 보여주셨다. 하나님 나라는 그렇게 사람 가리지 않고 모든 사람에게 열려 있다. 당시 죄인의 대명사였던 세리와 창녀들도 예수 믿으면 하나님 나라에 들어갈 수 있다는 사실을 예수님이 직접 식탁에서 보여 주셨다.

이런 맥락에서 예수님은 하나님 나라를 잔치로도 비유하셨다(눅 14:15-24). 어떤 사람이 큰 잔치를 열어놓고 많은 사람을 청했다. 그런데 초청장을 받은 사람들이 막상 잔치하는 날에 오지 않았다. 밭을 사서 나가봐야 하니 못 가겠다거나 소를 다섯 겨리 샀으니 못 가겠다고 했다. 또 한 사람은 장가를 갔으니 못 가겠다고 했다. 셋 중 둘은 비즈니스 때문에 못 오겠다고 하고 하나는 가정사 때문에 못 오겠다고 한다. 우리 인생사를 잘 보여준다. 직업인들의 뇌 구조도를 그려보면 3분의 2는 일이고 3분의 1은 가정이 아닐까 생각한다. 여하튼 그래서 화가 난 주인은 길에 나가 가난한 자들과 장애인들과 소외된 사람들을 다 데리고 오라고 했다. 그래서 잔칫집을 반드시 채우라고 했다는 비유이다.

옛날 우리네 시골에서 볼 수 있었던 잔칫집에, 지나가는 길손이나 구걸하던 사람도 그리 어색하지 않게 걸터앉아 주린 배를 채우고 갈 수 있었던 일이 예수님의 하나님 나라 비유 속에 등장한다. 하나님 나라가 이렇게 오히려 소외된 사람들이 참여하는 잔치 자리로 묘사되고 있다.

이런 식탁과 잔치의 이미지는 주인의 즐거움에 참여하는 것이라고 예수님은 달란트 비유의 포상 언급 부분에서 말씀하셨다. 맡은 일에 충성한 종들에게 이런 상이 주어진다. "네 주인의 즐거움에 참여할지어다"(마 25:23). 주인의 즐거움이란 주인이 누리는 복을 함께 나누는 것인데 바로 함께 식사하고 잔치를 즐기는 것이다. 이것은 요한계시록에서 구원받음을 함께 먹고 마심으로 묘사하는 것과도 맥을 같이 한다. "볼지어다. 내가 문 밖에 서서 두드리노니 누구든지 내 음성을 듣고 문을 열면 내가 그에게로 들어가 그와 더불어 먹고 그는 나와 더불어 먹으리라"(계 3:20).

이렇게 먹고 마시는 우리의 일상이 하나님 나라에서 우리가 여전히 할 일로 묘사되고 있다. 적어도 장차 임할 하나님 나라에서 우리의 일상적인 식사와 같은 어떤 활동을 할 것은 틀림없어 보인다. 장차 우리가 새 하늘과 새 땅에서 가지게 될 육신의 상태와 똑같다고 할 수는 없겠지만, 부활하신 예수님이 육신을 가진 몸으로 생선을 드신 일을 참고해볼 수 있다(눅 24:41-43).

물론 사도 바울이 "하나님 나라는 먹는 것과 마시는 것이 아니요 오직 성령 안에 있는 의와 평강과 희락이라"(롬 14:17)고 말했다. 그런데 이것은 로마 교회가 겪던 우상의 제물을 먹는 문제로 인한 분란을 지적하는 상황을 언급한 것이지 하나님 나라에 식사와 잔치의 이미지가 없다는 뜻이 아님은 명백하다.

이렇게 우리가 일하면서 체험할 수 있는 것들로 예수님이 하나님 나라를 묘사하셨고 장차 임할 하나님 나라에서도 그 일을 할 것이라고 암시해주셨다. 새 하늘과 새 땅이 임하고 우리가 들어갈 하나님 나라에서 우리는 리더십과 비즈니스의 요소가 있는 어떤 일을 하게 될 것으로 기대해 본다. 일상의 식사와 같은 일도 있다고 기대해볼 수 있다. 그렇다면 오늘 우리가 일하고 살아가며 하는 이 일상적인 일들은 하나님 나라를 미리 누리며 맛본다는 의미가 있다. 하나님 나라에서 할 일을 예행 연습하는 셈이기도 하다. 일터에서 우리가 하는 일과 늘 하는 기본적인 일상이 이만큼 중요하다는 생각을 할 수 있어야 한다.

가장 가치 있는 사랑
: 하나님 나라

독일의 문호 요한 볼프강 폰 괴테가 쓴 짧고 재미있는 시가 있다. 괄호 안에 들어갈 것은 모두 동일한 단어이고 이 단어가 이 시의 제목이다. 한번 생각해보라.

우리는 어디서 태어나는가? (   )
우리는 어떻게 멸망하는가? (   )이 없으면.
우리는 무엇으로 자기를 극복하는가? (   )에 의해서
우리를 울리는 것은 무엇인가? (   )
우리를 항상 결합시키는 것은 무엇인가? (   )

정답은 바로 '사랑'이다. 이 사랑은 우리 인생에서 참 귀하고 가

치 있는 것이다. 별로 하고 싶지 않은 상상이지만 만약 집에 불이 나면 뭘 들고 대피하겠는가? 그런 정신도 없이 그저 몸만 대피해야 할 수도 있다. 어린아이를 들쳐 안고 뛰어야 할 수도 있고 연로하신 부모님 모시느라 정신없을 수도 있다. 조금 정신을 차린다면 어떤 물건을 가지고 피하겠는가? 지갑, 통장, 사랑하는 사람의 소중한 선물은 어떤가? 평소에 챙겨놓았는가?

신학교 다닐 때 한 교수님은 집 안에 있는데 아파트 관리실의 급한 안내 방송이 나왔다고 한다. 몇 동 건물에 화재가 발생했으니 주민들은 신속하게 대피하라는데 보니 바로 그 동이었고 연기가 피어오르고 있었다. 그 정신없는 와중에도 한 가지 챙겨 들고 대피한 것이 있었다. 세계 신약학회에 발표할 논문을 쓰고 있었는데, 컴퓨터에 끼워서 작업하던 당시의 '플로피 디스켓' 한 장 빼 들고 허둥지둥 아파트를 빠져나왔다고 한다. 이런 위험하고 극단적인 상황에서 우리가 할 수 있는 선택은 우리 인생에서 가장 중요한 것이 무엇인지, 그 우선순위를 생각하게 한다.

모든 계명 중에
첫째가 무엇입니까?

예수님이 하나님 나라에 대해서 사람들과 이야기를 나

누면서 사랑과 우선순위를 통해 사람들을 설득하시는 장면을 볼 수 있다(막 12장). 예수님이 십자가 죽음을 예고하시고 예루살렘 성에 이미 입성하셨을 때의 일이다. 성전 안에서 매매하는 자들을 쫓아내시고 무화과나무도 마르게 하셨다(막 11장). 그리고 포도원의 농부들이 자기 분수를 알지 못하고 종들과 주인의 아들마저 죽여서 결국 주인이 돌아와 벌주었다는 비유를 말씀하셨다(막 12:1-11).

대제사장, 서기관, 장로들은 예수님을 어떻게든 꼼짝 못 하게 하기 위해서 노심초사했다. 이번에는 바리새인들과 헤롯당 사람들을 보내서 세금 바치는 문제로 예수님을 시험하고 사두개인들을 보내서 부활 후의 혼인 관계에 대한 문제를 질문하여 예수님을 곤경에 빠뜨리려고 했다(막 12:12-27).

12장에 나오는 이 질문들이 하나님 나라에 대한 가르침을 주고 있다. 포도원 주인의 아들을 배척한 유대인들은 하나님 나라를 제대로 받아들이지 않은 사람들이다. 가이사의 것은 가이사에게 바쳐야 하지만 하나님의 것은 하나님께 바쳐야 한다. 가이사가 주인인 나라와 대비되는 하나님이 주인이신 나라가 존재한다. 장차 임할 하나님 나라에서는 천사들과 같이 결혼하지 않음을 예수님이 명시적으로 알려주셨다.

그러자 한 서기관이 그 모든 과정을 다 지켜본 후 이렇게 예수님께 질문했다. "모든 계명 중에 첫째가 무엇이니이까?" 이때 예수님이 말씀하셨다. 첫째는 "이스라엘아 들으라. 주 곧 우리 하나님은 유일한 주시라. 네 마음을 다하고 목숨을 다하고 뜻을 다하고 힘을 다하여 주 너의 하나님을 사랑하라 하신 것"이라고 하셨다. '쉐마'라고 하는 신명기 6장의 말씀이다. 한마디로 오직 하나님만 사랑하라는 계명이다. 유대인의 율법은 이렇게 하나님을 향한 예배, 즉 사랑에서 시작한다.

창세기는 시작 부분에 어떤 설명도 하지 않고 태초에 하나님이 천지를 창조하셨다고 선언한다. 하나님이 어떤 존재인지 친절한 설명도 전혀 없다. 하나님은 그렇게 존재하시는 분이다. 당연히 우리 인간은 그 존재의 원리를 이해하거나 설명할 수 없는 분이시다. "네 마음을 다하고 목숨을 다하고 뜻을 다하고 힘을 다하여"라고 하는데 마음, 목숨, 뜻, 힘을 빼고 나면 우리 인간이라는 존재에 남는 것이 무엇인가? 그렇게 존재 자체로 하나님을 사랑해야 한다는 뜻이다. 희미하게 대충해서는 안 된다. 인생을 살 때도 일을 할 때도 우리는 하나님을 향해 최선을 다해야 한다. 우리 모든 삶으로 하나님을 기쁘시게 해야 한다. 우리가 정말 이렇게 살아간다면 하나님 나라가 이 땅에 하늘에서와 같이 임한다.

두 번째 계명을 서기관이 묻지 않았지만 예수님은 말씀하셨다. 둘째는 "'네 이웃을 네 자신과 같이 사랑하라 하신 것이라.' 이보다 더 큰 계명이 없느니라." 나는 사랑하지 말고 대신 다른 사람만 사랑하라는 살신성인의 극단적 이타적 삶을 말씀하신 것은 아니다. 스스로 자신을 돌보고 존중하는 것처럼 모든 사람을 그렇게 대하라고 하셨다. 만약 이렇게 자신을 사랑하는 만큼 이웃을 사랑하기만 한다면 우리가 오늘 겪는 모든 문제는 하루아침에 해결될 듯하다. 우리가 겪는 정치적인 갈등, 남북 간의 갈등, 빈부의 격차, 세대 갈등, 세상 사람들이 온통 날선 대립을 하는 상황이 해소될 수 있을 것이다. 역지사지다. 입장만 바꿔 놓고 생각해도 우리는 세상을 아름답게 할 수 있다. 사랑은 이렇게 힘이 있다.

사랑이 모든 번제와 희생제사보다 훨씬 더 가치 있다

결국 예수님의 대답을 한 단어로 정리하면 '사랑'이다. 서기관은 한 분 하나님에 대한 사랑을 이미 율법을 통해 잘 알고 있었다. "이스라엘아 들으라!" 예수님이 이렇게 시작하신 이 말씀은 '쉐마'라고 해서 유대교의 중요한 기도이다. 예수님 당시는 물론이고 지금까지도 경건한 유대인들은 이 기도를 날마다 드린다. 바로 이 말씀을 인용해서 하나님 사랑을 언급하시니 서기관이 수긍하지 않을 수 없었다. 또 이웃 사랑도 레위기 율법에 있는 것이니 당연하게 수긍했다.

그런데 여기서 이 서기관은 율법 학자답게 예수님이 직접 말씀하지는 않았지만 의도하신 바를 끄집어내고 있다. 예수님이 기특하게 생각하셨을 것이 분명하다. 서기관은 예수님이 말씀하신 하나님 사랑과 이웃 사랑이 모든 번제와 희생 제사보다 더 가치가 있다는 사실을 말했다. "선생님이여 옳소이다. 하나님은 한 분이시요 그 외에 다른 이가 없다 하신 말씀이 참이니이다. 또 마음을 다하고 지혜를 다하고 힘을 다하여 하나님을 사랑하는 것과 또 이웃을 자기 자신과 같이 사랑하는 것이 전체로 드리는 모든 번제물과 기타 제물보다 나으니이다"(막 12:32-33). 이 서기관은 복음의 핵심을 제대로 이해하고 있었다.

동물이나 곡식을 제물로 바치는 제사는 성전의 존재 근거라고 할 수 있다. 날마다, 주마다, 달마다, 절기마다 드리는 희생 제사와 제물은 성전에서 매우 중요하다. 그런데 그것은 하나님을 예배하고 사람을 사랑하면 사실상 필요 없어진다. 그것이 바로 예수님이 이 땅에 오신 목적이다. 예수님이 사람의 모습을 입고 이 땅에 오신 것은 바로 하나님의 지극한 사랑이고, 그 사랑을 통해서 사람들을 구원하신다.

십자가 사역을 한마디로 말하면 사랑이다. 하나님 사랑과 사람 사랑으로 요약된다. 사랑 한마디로 기독교는 설명된다. 위기의 순간, 가장 중요한 하나를 꼭 간직하고 가져와야 할 것은 바로 사랑이라는 뜻이다. 하나님 사랑과 이웃 사랑으로 요약되는 이 사랑이 구원을 말하고 결국 하나님 나라를 의미한다.

예수님이 세상에 오셔서 활동하던 시기에 유대교 랍비들이 쓴 글들이 남아 있는데 많은 글이 할례, 음식에 대한 규례, 안식일 준수와 같은 주제를 다루고 있다. 이상한 현상이다. 왜냐하면 유대교의 대다수 경건한 랍비들은 할례, 음식문제, 안식일 같은 주제가 율법의 핵심이라고 보지는 않기 때문이다. 율법의 핵심에 대해서는 예수님이 말씀하신 대로 바로 신명기 6장에 나오는 쉐마 말씀이라는 데는 이견이 거의 없다. "이스라엘아 들으라. 우리 하나님 여호와는 오직 유일한 여호와이시니 너는 마음을 다하고 뜻을 다하고 힘을 다하여 네 하나님 여호와를 사랑하라"(신 6:4-5). 유일신이신 하나님을 사랑하는 것이 바로 율법의 핵심이다.

그런데 왜 1세기 유대교에서는 이렇게 율법의 핵심을 비껴간 문제들을 주로 다루었을까? 배타적 성향 때문이었다. 유대인의 정체성, 즉 자신들의 경계를 분명히 하기 위해 게토를 높이 세우는 데 관심이 많았다. 오늘날 우리 교회와 크리스천들이 나름의 경계 표시를 하면서 정체를 유지하려는 경향과 비슷하다. 술 담배라든지, 성적 일탈이라든지, 시대에 따라서 기타를 치면 안 되고 재즈 음악을 못 듣는 것도 있었다. 이런 모든 정체성 표시를 통해서 자신들은 선택받은 존재이고 거룩한 자들이라는 선민의식으로 충만했다. 이것은 일종의 교만함의 표출이다.

그러나 예수님은 그러지 않으셨다. 그런 주변적인 문제들이 신앙의 핵심이 아니라 예수님은 '새로운 피조물'로 변화되고 싶은 인간의 깊은 갈망에 호소하셨다. 삶의 본질과 중심에 초점을 맞추어

영적 삶을 살아가는 사람의 가장 중요한 미덕이 바로 사랑이라고 강조하셨다(존 오트버그, 「평범 이상의 삶」, 사랑플러스 펴냄, 44-49쪽). 바로 그런 사랑을 통해 인류를 구원하시기 위해 십자가 죽음과 부활이라는 구원의 방법을 택하셨다.

네가 하나님 나라에서
멀지 않도다

　　　　예수님이 그동안 하신 사역과 그분이 말씀하시는 하나님 나라에 대해서 생각해보니 서기관은 예수님이 성전을 쓸모없게 만들고 유대교의 완성과 성취를 이루신다고 깨달았다. 이런 귀한 깨달음을 고백한 서기관을 예수님이 크게 칭찬하셨다. "네가 하나님 나라에서 멀지 않도다!" 유대교에서 중요한 성전의 일상인 제사와 구약의 율법 계명 속에서 사랑의 진정한 의미를 발견하는 것은 바로 복음의 핵심을 짚어낸 셈이다.

　예수님은 정말 기뻐하셨다. 회개하라, 하나님 나라가 가까이 왔다는 주제로 복음을 선포하시는 예수님의 핵심 사역을 서기관이 제대로 평가하고 지적했기 때문이다. 번제물과 제물보다 나은 것이 바로 사랑이다. 하나님 사랑, 이웃 사랑은 이렇게 중요하다. 그야말로 하나님 나라의 핵심이다.

사람들은 어떤 일에 가치를 두고 살아갈까? 왜 그렇게 행복, 행복을 노래할까? 웰빙 타령을 계속할까? 왜 그렇게 힐링을 외치며 위로받고 싶을까? 돈 때문인가? 먹을 것 때문인가? 독일의 극작가 베르톨드 브레히트는 말했다. "첫째가 먹을 것이요, 윤리는 그다음이다." 이 말은 세상의 현상을 보여줄 수는 있지만 진리는 아니다. 언제나 옳은 것은 아닐 수 있다. 2차 세계대전 아우슈비츠의 참상 속에서 길어 올린 한 이야기가 있다. 테레지안스타트의 유대인 강제수용소에서 벌어진 일이다. 젊은 유대인 천 명을 태운 수송선이 다음 날 아침 출발할 예정이었다. 그런데 다음 날 아침 수용소의 도서관이 밤사이 습격당한 사실이 알려졌다.

아우슈비츠 수용소로 옮겨져 가스실에서 죽음을 맞게 될 운명에 처해진 젊은 유대인들이 밤에 도서관에서 자기가 좋아하는 학자와 시인과 소설가와 예술가들의 책을 훔쳐서 그것을 소중하게 자기들의 소지품 속에 몰래 숨겨두었다. 이 사람들은 곧 죽을 사람들이었고 그것을 알고 있었는데도 말이다. 사람은 이렇게 의미를 추구하는 존재이다. 하나님이 그분의 형상대로 그렇게 사람을 창조하셨다. 우리는 사람의 이런 본성을 깨닫고 우리 삶에서 가치를 현실보다 좀 높게 두어야 한다.

항공 분야에서 사용하는 단어인데 '크래빙'(crabbing)이라는 비행 방법이 있다. '경사 비행'이라는 뜻이다. 예를 들어 북쪽에서 맞바람이 불고 있는데 항공기가 가야 할 곳은 동쪽이라고 해보자. 이런 상황에 동쪽으로 방향을 잡아 비행하면 바람에 밀려서 동남쪽으로 가게 된다. 그래서 크래빙을 해야 한다. 원래 목표로 삼아야 할 방향보다 약간 북쪽으로 날아가야 원하는 목적지인 동쪽 지점에 다다를 수 있다. 물론 바람의 세기와 비행기의 속도에 따라서 미세하게 잘 조정해야 정확히 목적지에 도착할 수 있다(빅터 프랭클, 「의미를 향한 소리 없는 절규」, 청아 펴냄, 44, 49-50쪽).

우리도 마찬가지이다. 우리도 크래빙해야 한다. 더 높은 가치에 대한 열망을 품고 더 높은 곳을 바라보지 않으면 우리는 목표한 그 지점보다도 낮은 곳에서 인생을 끝내고 말 수 있다. 우리가 추구해야 할 가치는 한마디로 사랑이라고 할 수 있다. 사랑의 가치는 하나님 나라에서 가장 귀하다. 이 사랑을 실천하기 위해서 우리는 당장 눈앞에 보이는 것보다 높은 수준, 하나님 나라의 참된 가치를 추구하는 삶을 살아야 한다.

예수님이 말씀하셨다. "너희는 먼저 그의 나라와 그의 의를 구하라. 그리하면 이 모든 것을 너희에게 더하시리라"(마 6:33). 우리는 의식주 걱정을 하지 않을 수 없다. 열심히 우리 일을 감당하며 성실하게 인생을 살아야 한다. 그런데 늘 질문해야 한다. 왜 내가 일하고 살아가는가? 아파트를 구입해야 할 이유가 무엇인지, 자동차를 바꾸어야 할 이유가 무엇인지 그 우선순위를 늘 생각해야 한다.

내 인생의 진정한 가치는 무엇이고 목적은 무엇인가? 그 답이 바로 하나님 나라이다. 하나님 나라는 우리 인생의 우선순위이다. 위기가 닥쳐왔을 때 남아 있는 것은 무엇인가? 하나님과 이웃에 대한 온전한 사랑인가? 자기 목숨만 건지려고 서로 밀쳐대는 혼란스러운 모습인가? 하나님을 사랑하고 사람을 사랑하는, 예수님이 말씀하신 가장 큰 계명, 이 사랑이 결국 해답이다. 예수님이 성전을 허물고 이룰 십자가 구원의 길(막 13:1-2), 그 사랑을 통해 결국 하나님 나라를 이룰 수 있다. 하나님 나라 시민은 이 사랑으로 구원받았고 이 땅 하나님 나라에서 이 사랑의 실천을 위해 노력한다.

새 하늘과 새 땅에 반영될
일터의 유산

무신론자라고 자부하는 한 농부가 이웃의 크리스천 농부에게 제안했다. 자신은 열심히 일할 테니 크리스천인 이웃은 기도하고 일해서 나중에 수확량으로 하나님의 존재를 확인해보자고. 물론 수확량이 더 많은 사람이 이기는 것이라고 판정의 내용도 스스로 정했다. 가을이 되어 수확을 하고 나자 무신론자 농부는 자기의 수확이 더 많다면서 크리스천 농부에게 자신이 이겼다고 선언하고, 하나님이 존재하긴 하느냐고 비웃었다. 그러자 크리스천 농부는 말했다.

"그런데 하나님은 가을 추수 때에 모든 것을 결산하시는 분은 아니에요."

유대교와 가톨릭교회는 공로 지향적인 상급 사상을 가지고 있다. 개신교에서는 가톨릭에 대한 반작용과 칸트의 의무의 준칙대로 행하라는 정언명령의 영향으로 상급, 특히 차등 상급에 대해서는 많은 신학자가 반대하는 입장이다. 하지만 성경에서 명백하게 밝혀주고 있는 상급에 관한 예수님의 언급을 확인하면 미래에 다가올 하나님 나라에서 우리가 얻을 상급과 그때 우리가 누릴 삶의 모습에 대한 단서를 발견할 수 있다. 상급을 생각한다면 직업인들은 일터 현장에서 우리가 애쓰고 노력해서 얻는 일터문화의 유산이 장차 임할 하나님 나라에서 얼마나 반영될지 궁금하지 않을 수 없다. 상급과 유산에 대한 궁금증을 풀어보기 위해 고민해보자.

하나님 나라 상급에 대한
분명한 약속

예수님은 하나님 나라를 말씀하시며 장차 받을 '상속', 즉 새 하늘과 새 땅이 임한 후 받을 '상급'에 대해 가르쳐주신다. 신약성경에 '상급'(헬라어, 미스도스)이라는 말은 29회 나온다. 마태복음이 10회, 마가복음이 1회, 누가복음이 3회 나와서 마태복음이 집중적으로 사용하고 있다. 이 단어는 문자적 의미로 '임금' '월급'이라는 뜻으로 쓰이고 비유적으로는 '하나님이 주시는 보상' '긍정적으로는 상급, 부정적으로는 징벌' 등의 의미로 쓰인다(권성수, 「천국의 상급」, 생명사역훈련원 펴냄, 117쪽).

예수님은 산상수훈에서도 핍박받는 자들에게 하늘에서 상이 크고 원수를 사랑하는 자들에게도 상급이 있을 것을 약속하셨다(마 5:12,46). 자기를 부인하고 십자가를 지고 예수님을 따르는 삶에 대해 보상하시고(마 16:24-27), 도움이 필요한 사람에게 베푼 긍휼에 대해서도 보상을 약속하셨다(눅 14:13-14). 심지어 사람들의 잘못을 용서한 것에 대해서도 보상해주실 것을 약속하셨다(마 6:14-15).

예수님이 하나님 나라를 묘사하는 두드러진 두 개의 그림 중 하나도 바로 상속, 즉 상급의 이미지이다. 첫 번째 그림은 식탁 교제, 특히 혼인 잔치와 같은 잔치라는 이미지로 하나님 나라를 표현하신다. 또 하나의 하나님 나라 묘사가 바로 상급의 그림이다. 예수님은 하나님 나라를 '받다'라는 표현을 즐겨 썼는데 이것은 바로 상속받는다는 뜻이다.

대표적으로 탕자의 비유가(눅 15:11-32) 하나님 나라의 잔치와 상급의 의미를 잘 보여준다. 이 비유는 아담의 타락을 염두에 두고 인간의 실존과 구원을 설명한다. 하나님은 아담을 땅의 대리자로 세웠으나 아담은 사탄의 유혹에 넘어가 자신이 절대적 주가 되겠다고 오판하여 하나님께 등을 돌렸다. 탕자의 모습이 바로 타락한 아담이다. 둘째 아들은 자기의 행복을 위해 아버지에게 등을 돌렸고 멀리 떠났다. 물론 아담이 그랬던 것처럼 둘째 아들은 금방 결핍을 느끼고 이방인의 집에서 종살이했다. 탕자의 이 모습은 사탄의 종이 된 인류를 잘 표현해준다.

여기서 변화를 가져온 기쁜 소식이 바로 하나님 나라 복음이다. 아버지 집에서 먹을 것 걱정 없던 일을 기억한 둘째 아들은 돌이켰다. 아버지는 탕자를 기쁨으로 맞아주고 환영하고 예복을 입히고 가락지를 끼워주었다. 상속자로 아들의 지위를 회복시켰다는 뜻을 담고 있다. 또한 송아지를 잡고 잔치에 들어갔다. 하나님 나라에서 마지막 날에 있을 어린 양의 혼인 잔치에 담긴 신적 충만의 상태에 들어간 모습을 보여주고 있다.

예수님은 이렇게 미래의 하나님 나라에 대해 묵시 문학적인 호기심을 자극하는 현란한 그림이 아니라 상속과 잔치의 그림으로 진정한 의미의 하나님 나라를 설명하셨다. 이것이 기쁜 소식이다. 탕자와 같이 회개하고 믿음으로 하나님 나라에 들어오면 그곳에 죄의 용서와 구원이 있음을 비유의 상속과 잔치의 그림으로 설명해주셨다. 구원받은 우리는 이런 삶을 미래의 하나님 나라에서 누릴 것이다(김세윤 외, 「예수의 하나님 나라 복음」, 새물결플러스 펴냄, 230-234쪽).

하나님 나라에서 누릴 상급에는 차등이 없는가?

개신교 신학자들이 천국 상급에 대해서 부정적인 견해

가 많은 것은 아마도 '차등 상급'에 대한 거부감 때문일 듯하다. 그런데 하나님 나라에 들어가는 모든 사람에게 동일한 상급이 주어지는가? 앞에서 살펴본 예수님의 말씀들만 살펴봐도 장차 임할 하나님 나라에서 획일적인 상급이 주어진다고 보기는 쉽지 않다. 팔복 말씀에서 박해를 받는 자들에게 주어진 복에 대해 "하늘에서 너희의 상이 큼이라"(마 5:12)는 말씀은 천국 상급의 차등을 구체적이지는 않지만 명확하게 보여준다. 큰 상이 있고 작은 상이 있다.

"그러므로 누구든지 이 계명 중의 지극히 작은 것 하나라도 버리고 또 그같이 사람을 가르치는 자는 천국에서 '지극히 작다' 일컬음을 받을 것이요 누구든지 이를 행하며 가르치는 자는 천국에서 '크다' 일컬음을 받으리라"(마 5:19). 마찬가지로 구체적인 내용을 알 수는 없지만 이 지극히 작다와 크다의 대조적인 격차를 보면 무언가 차등 상급이 있음을 알 수 있다.

차등 상급에 대한 암시를 담은 예수님의 비유들(특히 일과 관련된 비유들) 몇 편을 통해 확인해보자. 먼저 포도원 품꾼들의 비유(마 20:1-16)는 차등 상급이 없다는 증거로 사람들이 생각한다. 아침 일찍 일한 사람이나 저녁 때 한 시간 일한 사람이나 똑같이 한 데나리온의 품삯을 받았으니 구원받은 사람이 천국에서 누릴 것이 같다는 의미로 이해하는 것이다. 그런데 이 비유 말씀을 예수님은 한 부자 청년이 찾아와 영생 얻는 방법, 즉 "천국에 들어가기"(마 19:23)와 연관해 말씀하셨다. 즉 인간의 구원에 영향을 미치는 하나님의 주권을 강조하기 위한 비유였기에 차등 상급을 부인하는 비유는 아니다.

달란트 비유와 므나 비유는 구원받은 사람들의 행위, 즉 성화와 연관해 차등 상급이 주어지는 단서를 제공한다. 먼저 달란트 비유 (마 25:14-30)는 모든 인류에게 주어진 구원과 상급에 대한 비유라고 볼 수 있다. 종들에게 각각 재능에 따라 한 달란트와 두 달란트, 다섯 달란트가 주어졌다. 충성된 제자는 바로 가서 장사하여 이익을 얻었고 주인은 착하고 충성된 종들이 잘했다고 칭찬했다. 주인에 대한 이해가 없는 종은 받은 한 달란트를 묻어두고 인생에서 아무것도 남기지 못했고 책망을 들으며 쫓겨났다.

하나님을 믿고 충성하는 크리스천이 아닌 불신자들의 모습을 보여준다. 또한 차등 상급에 대해서도 이 비유는 교훈을 준다. 두 달란트를 남긴 종이나 다섯 달란트를 남긴 종은 결과물이 배 이상 차이가 났지만 똑같은 칭찬을 듣고 아무런 불평의 기미도 보이지 않는다. 천국에서 누릴 차등 상급이 오늘 우리가 이 땅에서 겪는 많고 적음에 대한 기준과 뭔가 다르다는 암시도 느껴진다.

므나 비유(눅 19:11-27)는 달란트 비유와 차별되어 모든 인류가 아닌 구원받은 자들에 대한 차등 상급을 암시해준다. 같은 한 므나 (100데나리온)가 주어졌는데 각각 10므나, 5므나를 남긴 종이 있고 한 므나를 그대로 가지고 온 종도 있었다. 한 므나를 그대로 가지고 온 종은 책망을 들었고 한 므나를 빼앗겼다. 그래서 11므나를 가진 종과 5므나를 가진 종이 차등적으로 상급을 받게 되었다. 악한 종은 심판을 받아(눅 19:22) 누릴 상급이 없다. 므나 비유 속에서는 구원 받아 하나님 나라에 들어가는 사람들의 차등 상급에 대한 암시가 담겨 있다.

미래 하나님 나라의 모습이 본래 그렇지만 예수님은 상급에 대해서 분명히 있다고 강조하시고 차등 상급에 대해서도 있다고 말씀하신다. 그런데 구체적인 말씀은 하지 않으셨다. 상급의 내용에 대해서는 하나님을 전적으로 신뢰하고 하나님께 모두 맡기기를 바라셨다는 생각이 든다. 하나님은 우리에게 하나님의 자녀로 세상에서 살면서 선한 일을 할 것을 명하시고 그렇게 할 수 있도록 해주셨다. 우리의 선한 행위에 대해 상 주시되 공로에 근거해서가 아니라 은혜로 상을 주신다. 우리가 하는 행위는 예수님의 십자가 구속 행위처럼 완전하지 않아도 괜찮다. 하나님의 은혜를 따라 상을 받기 위해 끊임없이 선을 행하라고 동기부여를 해주신 것이 아닐까 생각해본다. 상급에 대한 동기를 통해 우리를 하나님 나라에 충성하도록 만드셨다. 이제 일터의 유산이 하나님 나라에 어떻게 반영될지 생각해보자.

하늘에서 내려오는
새 하늘과 새 땅

십자가를 앞두고 예수님이 제자들에게 말씀하셨다. 아

버지 집에 있는 "거할 곳", 예수님이 마련하시는 "거처", 다시 와서 제자들을 영접해 "나 있는 곳에 너희도 있게" 할 곳은(요 14:2-3) 구체적으로 어디를 말하는가? 또한 사도 요한이 본 대로 처음 하늘과 처음 땅과 바다가 없어지고 임하는 '새 하늘과 새 땅'은 어디를 말하는가? 하나님께로부터 하늘에서 내려오는 "거룩한 성 새 예루살렘"(계 21:1-2)은 무엇을 말하는가? 요한은 이 두 곳을 구분해서 말하는가? 아니면 같은 곳을 말하는가? 미래 하나님 나라의 구체적인 장소와 성격을 살펴보자.

우리 앞의 사람들도 그랬고 우리도 예수님이 우리가 살아 있을 때 먼저 재림하지 않으시면 우리는 다 죽음을 경험하게 된다. 그러면 우리의 육신은 이 땅에 남더라도 우리의 영혼은 어디로 가는가? 과거 땅에서 삶을 마친 그리스도인들이 현재 거하고 있는 곳은 어디인가? 이곳이 바로 우리가 보통 말하는 '천국'이다. "돌아가신 우리 할아버지는 천국에 계셔"라고 말할 때의 바로 그 천국이다. 중간 상태(intermediate state)인 천국이다. 바울이 이 땅에서의 삶보다 훨씬 좋다고 한 곳(빌 1:23), 그가 경험했다고 기록하는 셋째 하늘(고후 12장)이 바로 이곳이다. 물론 이곳이 궁극적으로 우리가 죽어서 가게 될 영원한 하나님 나라는 아니다.

예수님이 십자가에 달렸을 때 한 편의 강도에게 "오늘 네가 나와 함께 낙원에 있으리라"(눅 23:43) 말씀하신 바로 그곳도 이 중간 상태의 하나님 나라이다. 제자들에게 준비하러 간다고 말씀하신 거처도 바로 이곳이다(요 14:2-3).

그렇다면 이 중간 상태의 천국은 과연 물리적 공간인가? 확실한 것은 알 수 없지만 가시적이고 물리적인 공간이라고 추정할 수 있다. 하나님은 공간이 필요하지 않지만 예수님은 부활 후에 제자들이 만져볼 수 있고 나타나고 사라지고 음식도 먹을 수 있는 물리적 몸을 가지고 계셨다. 이 중간 천국은 틀림없이 한시적이고 임시 거처인 점은 분명하다. 그러나 영원한 천국과 연속성이 없지 않다. 영원한 천국에 관해 요한이 구체적으로 보여준다.

창세기의 처음 두 장에서 보여준 하나님 나라인 에덴동산의 본래 모습이 요한계시록의 마지막 두 장에서 미래의 모습으로 묘사된다. 이렇게 시작한다. "또 내가 새 하늘과 새 땅을 보니 처음 하늘과 처음 땅이 없어졌고 바다도 다시 있지 않더라. 또 내가 보매 거룩한 성 새 예루살렘이 하나님께로부터 하늘에서 내려오니 그 준비한 것이 신부가 남편을 위하여 단장한 것 같더라"(계 21:1-2). 요한이 본 이 환상에 따르면 예수님이 지상에 다시 재림하신 후에 우리가 오늘 살고 있는 처음 하늘과 땅과 바다가 없어지고 새 하늘과 새 땅이 임한다.

베드로가 이 새 하늘과 새 땅이 임하는 과정을 설명한다. "그러나 주의 날이 도둑같이 오리니 그날에는 하늘이 큰 소리로 떠나가고 물질이 뜨거운 불에 풀어지고 땅과 그중에 있는 모든 일이 드러나리로다. 이 모든 것이 이렇게 풀어지리니 너희가 어떠한 사람이 되어야 마땅하냐. 거룩한 행실과 경건함으로 하나님의 날이 임하기를 바라보고 간절히 사모하라. 그날에 하늘이 불에 타서 풀어지고 물질이 뜨거운 불에 녹아지려니와 우리는 그의 약속대로 의가 있는 곳인 새 하늘과 새 땅을 바라보도다"(벧후 3:10-13). 그리고 거룩한 성 새 예루살렘이 하늘에서 내려오면 새 땅에 머물게 된다. 이 거룩한 성 새 예루살렘이 중간 상태의 하나님 나라라고 할 수 있다.

요한계시록에서 주로 묘사하는 종말의 상황에 대해 여러 견해가 있고 복잡하여 간단하게 정리하기가 그리 쉽지 않다. 새 하늘과 새 땅은 과연 어떤 모습일까? 예수님이 재림하신 후의 상황에 대해 말씀하셨다. "예수께서 이르시되 내가 진실로 너희에게 이르노니 세상이 새롭게 되어 인자가 자기 영광의 보좌에 앉을 때에 나를 따르는 너희도 열두 보좌에 앉아 이스라엘 열두 지파를 심판하리라"(마 19:28).

'거룩한 성 새 예루살렘'이 내려온다고 하는데 성경 다른 부분에서 주는 힌트를 통해서도 영원한 천국의 그림을 상상할 수 있다. 히브리서 기자는 장차 임할 하나님 나라를 '도시'로 묘사한다(히 11:10, 13:14, 개역성경은 '성' '도성'). 또한 '나라'로 묘사하기도 한다(히 11:16, 개역성경은 '본향'). '도시'나 '나라'에 대해서 우리는 잘 알고 있다. '거룩한 성 새 예루살렘'은 사람이 있고 문화가 있고 조직이 있고 물리적 공간이 있을 것이다. 그곳에서 사람들은 부활한 몸, 신령한 몸을 가지게 된다(고전 15:40-44).

대 환란에서 나온 사람들이 하나님의 보좌 앞에 설 때 밤낮 하나님을 섬기는 특별한 상급을 받을 것을 말하고 있다(계 7:4-15). 영원한 하나님 나라에서 우리는 하나님의 영광을 위해 일하며 그리스도를 섬기는 종의 역할을 하게 된다(계 22:3). 영원한 하나님 나라에서도 우리는 안식도 당연히 누리지만 일을 하게 될 것으로 보인다. 아브라함이 바랐던, 하나님이 계획하시고 지으실 도시인 하나님 나라(히 11:10), 지금 우리가 사는 하나님 나라에는 없는 장차 올 영원한 하나님 나라(히 13:14), 주님이 약속하신 새 하늘과 새 땅을 바라고 기대해야 한다(벧후 3:13).

일의 열매는 새 하늘과
새 땅에 어떻게 반영될까?

요한계시록에 따르면 이제 새 예루살렘이 하늘에서 내려오는데(계 21:2), 그러면 오늘 이 땅 하나님 나라에서 하는 우리의 일과 우리의 문화는 새 예루살렘과 어떤 관계가 있는가? 최종적인 미래의 하나님 나라인 새 하늘과 새 땅에 우리가 일터에서 쌓은 문화는 얼마나 반영될지 생각 보아야 한다. 이 문제에 대해서 세 가지의 견해가 있다. 불가지론과 전멸론, 채택론이다. 먼저 불가지론은 종말에 대한 성경 기록은 상징적인 언어가 많아 잘 알 수 없다는 입장이다. 사람들의 미래 행동을 예측할 수 없으므로 종말의 시기도 불확실하다고 본다. 우리가 하는 일이 만들어내는 산물에 대한 장기적 전망을 감히 할 수 없다고 보는 소극적인 입장이다. 그래서 불가지론은 우리의 일이 소망적인 신학에 기반하기 어렵게 만든다. 물론 미래에 있을 일에 대해 단정하고 무모하게 확신하는 입장은 배제해야 한다. 하지만 미래에 대한, 미지의 세계에 대한 견해이기에 확정하고 단정할 수는 없다는 입장쯤으로 불가지론을 참고할 수는 있겠다는 생각이다.

다음으로 종말 전멸론은 베드로후서 3장에 크게 의존하면서 "하늘이 불에 타서 풀어지고 물질이 뜨거운 불에 녹는" 격변이 있을 것이기에 이 세상과 다음 세상의 불연속성을 강조한다. 새 예루살렘이 "하늘에서 내려온다"(계 21:2)는 말씀에 주목하고 하나님의 선물로 주어지는 종말을 강조한다. 종말 전멸론자들에게 우리의 일이 전혀 의미가 없는 것은 아니지만 일이 본질적으로 의미가 있는 것도 아니다. 그들에게 일은 전도의 기회나 수단 등 도구적 한계에 머무른다. 따라서 이 땅 하나님 나라에서 일과 문화의 유산이 장차 임할 하나님 나라에서 영원한 가치를 유지하기는 힘들다고 본다.

채택론자들은 베드로후서 3장에 나오는 커다란 변화는 뜨거운 불을 통해 죄로 오염된 세상을 정화(淨化)하는 일의 묘사라고 본다. 채택론에 따르면 우리의 일과 문화의 유산이 전부는 아니지만 어떤 형태로든 존속하여 영원한 하나님 나라에 기여하는 부분이 있다고 본다. 채택론 안에도 다양한 시각이 있으나 일과 문화의 결과물 중 일부는 하나님 나라에 계승되어 영원한 가치를 가진다고 보는 입장이다.

이 채택론은 하나님의 속성에 비추어도 일관성이 있다. 하나님이 사람을 창조하신 후에 세상 만물을 다스리는 창조의 사명을 주셨다(창 1:28). 하나님을 대리하여 피조물을 다스리는 리더십을 발휘하는 일은 틀림없이 귀하고 복된 일이었다. 그런데 창조 때부터 재림까지 애써서 감당한 그 모든 일의 결과가 다 소용없다면 하나님은 사람이 인류가 역사에서 이루었던 모든 일을 헛일이 되게 하신단 말인가? 물론 죄에 오염되고 부조리하고 부패한 문화적 성과들은 불에 태워 정화하지만 참다운 가치를 가진 유산은 남을 것을 기대한다 (제프 밴 두저, 「나는 왜 비즈니스를 하는가?」, 순출판사 펴냄, 120-132쪽).

예수님이 재림하실 때 새 하늘과 새 땅이 임하고 거룩한 성 새 예루살렘이 합해져서 우리가 바라는 완성된 하나님 나라에서 영원한 삶을 누리게 될 것을 우리는 기대한다. 이제 우리는 어떤 자세로 살아야 하는가? 오늘 우리가 발을 디디고 살아가는 땅은 언제나 하나님 나라와 연관되어 있다. 하나님 나라를 그저 우리가 죽어서 가는 목적지로만 여겨서는 안 된다. 하나님 나라는 지금 우리의 삶에서 빠뜨릴 수 없는 부분임을 꼭 기억해야 한다(폴라 구더, 「마침내 드러난 하늘나라」, 학영 펴냄, 51쪽).

요한계시록 마지막 부분에서 예수님이 "내가 진실로 속히 오리

라"라고 말씀하시니 요한이 응답했다. "아멘. 주 예수여 오시옵소
서"(계 22:20). 이런 마음으로 우리가 하나님 나라를 기대해야 한다.
바울이 예수님의 재림으로 공중에서 주님을 만나 함께하게 된다면
서 "이러한 말로 서로 위로하라"고 했다(살전 4:16-18). 장차 임할
새 하늘과 새 땅, 미래의 하나님 나라에 대한 기대는 우리에게 큰 위
로가 아닐 수 없다. 소망을 가진 사람이 오늘의 삶에 충실할 수 있
다. 오늘 이 땅 하나님 나라에서 충실해야 바람직한 하나님 나라의
소망을 가질 수 있다.

모조품 하나님 나라? 진품 하나님 나라!

사도 바울은 '하나님 나라' '천국'이라는 용어를 자주 사용하지 않았다. 바울 서신 전체에 13회 정도 나온다. 짧은 서신이 많지만 열세 권이나 서신을 썼고 길이로 따지면 마태복음과 누가복음을 합한 만큼이나 되기 때문에 적잖은 분량인데 하나님 나라 표현이 너무 적은 셈이다. 한 서신에 한 번꼴이고 로마서가 바울 서신중에서 가장 긴데 딱 한 번 사용한다. "하나님의 나라는 먹는 것과 마시는 것이 아니요 오직 성령 안에 있는 의와 평강과 희락이라"(롬 14:17).

왜 바울은 복음의 핵심 주제인 '하나님 나라'라는 표현을 잘 사용하지 않았을까? 예수님은 하나님 나라를 많이 말씀하셨지만 바울은 하나님 나라 사상의 핵심인 십자가 구속사건을 중심으로 복음의 내용을 정리했다. 예수님이 인류의 죽음을 대신해 십자가에서 죽으시고 부활하시고 승천하시어 세상의 주님으로 통치하고 계심을 설명하며 바울이 하나님 나라를 보여주었다. 그런 의미에서 "의와 평강과 희락"(롬 14:17)은 하나님 나라 사상의 핵심적 교훈을 잘 표현해주고 있다.

미국의 신약신학자 조엘 B. 그린은 "하나님 나라가 내가 하는 일과 어떤 관련이 있는가?" 질문을 던지라고 한다. 하나님 나라가 내가 투표하는 방식, 가족들과 보내는 시간, 일하는 방식, 운전하는 방식, 출석하는 교회, 친구들, 옆집에 사는 사람들을 대하는 방식 등 수많은 일과 어떤 관련이 있는지 질문해야 한다(조엘 B. 그린, 「하나님 나라」, 터치북스 펴냄, 118쪽).

이런 측면에서 의와 평강과 희락이라는 하나님 나라 시민의 캐릭터를 제시한 바울의 교훈은 오늘 우리에게도 매우 유익한 하나님 나라 살기 방식의 지침이 될 수 있다. 로마교회 교인들은 크게 두 가지 문제로 의견이 나뉘어 서로 다투었다. 고기와 날문제였다. 로마인은 도축하는 날에 그들의 신에게 제사를 지내는데 그 제물로 쓰인 고기를 시장에서 싸게 팔아 그걸 사 먹는 교인들이 있었다. 만물의 주인이신 하나님을 섬기는 사람에게 그 일은 문제 되지 않았다. 그런데 엄격한 잣대를 들이대 그것은 잘못되었다고 보는 사람들이 있었다. 날문제에 대해서도 일주일의 한 날, 안식일이나 주일을 더 귀

중히 여기는 사람들이 있었다. 한편 한 날만 중요한 것이 아니라 모든 날이 중요하다고 보는 사람들이 있었다. 이런 문제를 가지고 교회 사람들의 생각이 나뉘었다.

이 문제에 대해 사도 바울은 그리스도 안에서 형제들은 서로 비난하지 말라고 권면했다. 또한 형제를 배려하라고 했다. 자신이 고기 먹는 모습을 보고 시험에 빠지는 형제가 있다면 평생 고기를 먹지 않겠다고 다짐했다. 이렇게 삶에서 겪는 갈등에 대한 해답을 제시하며 바울은 하나님 나라는 성령 안에 있는 의와 평강과 희락이라고 요약했다. 먹고 마시는 일보다 중요한 하나님 나라의 본질을 모조품과 진품, 짝퉁과 명품으로 생각해보면 이해가 조금 더 쉽다.

첫째, 하나님 나라는 하나님의 '의'라고 한다. 이 의(義)는 옳음을 말한다. 어떻게 옳다고 인정받는가? 하나님 앞에서 불의를 사함받아야 한다. 예수님의 십자가 죽음과 부활로 인해 얻는 새로운 삶을 말한다. 하나님 나라 복음을 바울은 이렇게 정의한다. "복음에는 하나님의 의가 나타나서 믿음으로 믿음에 이르게 하나니 기록된 바 오직 의인은 믿음으로 말미암아 살리라 함과 같으니라"(롬 1:17). 바울이 강조하고 하나님 나라를 표현한 복음의 핵심이 바로 '의'다.

그런데 이런 의 대신에 한글로 비슷한 발음의 '이'(利, 이익)를 추구하면 어떻게 될까? '내게 이로우냐? 불리하냐?'를 따진다면 하나님 나라라고 할 수 있겠는가? 예수님을 믿는다면서 얼마나 사소한 이익에 웃고 울었는지 우리 자신이 잘 알지 않는가? 의로운 일이지만 내게 이롭지 않으면 그동안 얼마나 많이 포기했는가? 불의한 일이 분명하지만 그것이 내게 불리하지 않다면 기를 쓰고 한 적이 또 얼마나 많았는가? 이제 의가 뭐고 이가 뭔지도 모르게 될 정도로 무감각해졌다. 과연 어떤 것이 진짜 하나님 나라의 모습인지 돌아보아야 한다.

두 번째로 하나님 나라를 설명하는 '평강'이란 평화, 평안, 화평 등과 같이 쓰이는 표현으로 구약성경 샬롬의 개념을 말한다. 이 평강은 하나님과 화목하게 되어 얻어진 평화이다. 예수 그리스도의 십자가를 통해 우리에게 이 샬롬이 주어졌다. 샬롬은 영적으로 구원받는 것만을 말하지 않는다. 부족함이 없고 갈등이 없고 하나님이 창조하신 에덴동산처럼 모든 것이 제자리를 잡아 안정적인 상태를 말한다. 새 하늘과 새 땅이 임하면 그곳에서 우리가 누릴 영원한 상태가 바로 이 샬롬이다.

그런데 이 평안 대신에 '편안'을 추구하는 것은 바로 모조품 하나님 나라이다. 편안하기는 해도 평안은 얻지 못하는 경우도 많다. 반대로 불편해도 평안을 느낄 수 있다. 이런 편안을 포기하면 의외로 평안을 얻을 수도 있다. 이건 우리가 쉽게 경험한다. 아웅다웅 다투다가 "에이, 한 번 양보하지!" 하고 나면 속이 시원하다. 한쪽 구석에는 불편함이 남아 있을 수 있지만 속은 시원하다. 시간이 지날수록 훨씬 더 마음이 편안하고 마음속 깊은 곳에 있는 안정감을 느낄 수 있다. 이것이 바로 평안이다. 성령 안에서 구하는 평화, 평강,

평안, 샬롬, 이것이 바로 진품 하나님 나라의 모습이다.

세 번째로 '희락'이란 하나님의 은혜로 구원받은 사람의 신령한 기쁨을 말한다. 장차 임할 하나님 나라에서 우리가 느낄 대표적인 정서가 바로 이 기쁨이 아닐까 생각해본다. 그런데 세상에서 사람들은 이 희락 대신에 '쾌락'을 찾는다. 돈, 섹스, 권력, 약물 등을 통해 쾌락을 추구한다. 그러다가 타락하고 추락한다. 우리도 드러내 놓고 쾌락을 추구하지는 않지만 양다리를 걸치듯이 하나님과 돈을 겸하여 섬기면 안 된다(마 6:24). 만약 혼합주의 신앙에 빠져 있다면 심각한 문제가 아닐 수 없다.

그렇다고 그리스도인들이 재미를 모르는 무미건조한 사람들은 아니지만 쾌락의 추구는 성령의 열매인 희락이 될 수는 없다. 기쁨의 근원이 과연 무엇인지 가만히 생각하고 확인해보면 희락과 쾌락을 구분할 수 있다. 우리 자신은 알 수 있다. 본능적으로 알게 된다. 그리스도 안에서의 진정한 희락을 추구하는 사람이야말로 하나님 나라의 시민이다!

이런 의와 평강과 희락으로 예수 그리스도를 섬기는 사람이 하나님을 기쁘시게 하고 사람에게도 칭찬받는다. 이것을 바울은 화평의 일, 서로 덕을 세우는 일이라고 말한다. 음식문제로 형제를 거리끼게 하는 것은 '하나님의 사업'을 무너지게 하는 일이라고 지적한다(롬 14:18-20). 우리는 이익이 아니라 하나님의 의와 정의, 하나님 복음의 참뜻을 찾아야 한다. 편리함만 추구하지 말고 평강, 샬롬,

우리 구원에 근거한 참 평화를 추구할 수 있어야 한다. 세상의 쾌락이 아니라 그리스도인으로 누리는 참된 기쁨, 마음 깊은 곳에서 우러나오는 진정한 만족을 추구해야 한다. 모조품 아닌 진품 하나님 나라의 세 가지 미덕, 의와 평강과 희락을 추구하는 사람이 하나님 나라를 일터에 임하게 하는 진정한 하나님 나라 시민이다.